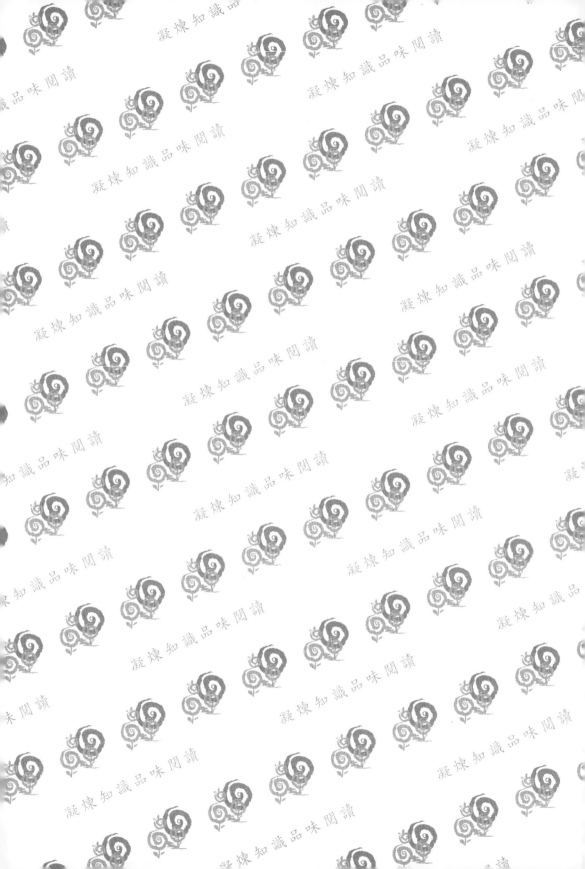

沙遊

通往靈性的心理治療取向

Sandplay

A Psychotherapeutic Approach to the Psyche

五南圖書出版公司 印行

Sandspiel

Seine therapeutische Wirkung auf die Psyche
Mit einem Nachwort von Martin Kalff

Dora Kalff

Sandspiel
Seine therapeutische Wirkung auf die Psyche
Mit einem Nachwort von Martin Kalff
by Dora Kalff

© 4th edition 2000 by Ernst Reinhardt Verlag München/Basel
Kemnatenstr. 46, 80639 München, Germany
www.reinhardt-verlag.de

推薦序

　　本書作者——沙遊治療的創始人Dora Kalff於西元1990年過世，她過世的次年，筆者才有機會接觸到沙遊治療，因此我很遺憾從來沒有機會見到她。但是在學習沙遊的過程中，我接觸過不少直接跟她學習沙遊而持著國際沙遊學會教師證照者，包括我的恩師Barbara Weller及Dr. Kay Bradway。從她們言談中及從Dora Kalff的教學影片中，我似乎也感受並認識到Dora那和藹可親、另人可信任、感到安全的偉大母親及治療者的形象。再加上我有幾次聽到她兒子Dr. Martin Kalff的演講及講學，也多多少少碰觸到他母親遺留在他身上的溫暖及包容的痕跡。尤有甚者，去年夏天筆者與台灣幾位沙遊進修者有榮幸去瑞士參觀她創始沙遊治療的家（現在是她兒子Dr. Martin Kalff的家），並親手觸摸了她的沙箱及小物件，心中甚為感動。

　　這次Dora Kalff一生中最重要的作品——《沙遊：通往靈性的心理治療取向》，以中文出版，令我興奮不已。在這幾年沙遊教學中，我曾幾次採用此英文版本為沙遊教科書，雖然其英文並不是非常深奧，但學生覺得讀起來相當吃力。如今這最經典的沙遊書籍以中文呈現給大家，真是一大喜訊。我深深的相信這絕對是心理治療者，特別是從事及學習沙遊治療專業者手上不可缺少的珍貴參考書。

台灣沙遊治療學會理事長
勵馨基金會蒲公英治療中心駐會顧問

梁信惠 博士

中文版序

　　我很榮幸能為我母親所著的書籍——《沙遊：通往靈性的心理治療取向》之中文版撰寫祝辭。中文版的出現也算為我母親的一生劃下完美的句點，她在少女時代即對中國的語言、哲學與文化相當著迷，並持續一生地維持此一興趣，現在她的思想能讓中文讀者有機會閱讀了。我也要附帶一提的是，她和撰寫《創造性與道家》（Creativity and Taoism）一書的中國哲學家張鍾元先生有深厚的友誼，彼此之間曾針對道家和沙遊治療做了不少充滿靈性的對談。

　　我要感謝促成這本沙遊專書之中文版出版的所有人士，包括本書的翻譯黃宗堅先生與朱惠英小姐，出版本書中文版的五南圖書出版公司，以及台灣沙遊治療學會理事長梁信惠博士，經由她的引介才得以讓台灣的讀者和我母親的這本著作相遇，並促成中文譯版的誕生。

　　我期望藉由本書的出版，能促進大眾對於沙遊治療精髓的認識——沙遊治療是將我們心靈和身體及意識結合在一起的治療法。願本書在讓大眾了解心靈天賦的療癒潛能上能有所貢獻，並因此受惠。

馬丁·卡夫　Martin Kalff
2006年10月寫於瑞士左黎根

英文版序

　　Temenos出版社極為榮幸地能向英語系讀者們引介Dora Kalff女士所著《沙遊：通往靈性的心理治療取向》（Sandplay: A Psychotherapeutic Approach to the Psyche）的英文新譯本，本書是Dora Kalff女士少數幾本著作之一，她是榮格學派沙遊療法的創始者，本書迄今依舊是沙遊療法的經典教科書。

　　Kalff女士以其精簡但又優雅的文筆敘述治療的案例，呈現其對心靈與沙遊治療如何運作的論述，透過她的案例分析，讀者們也一同受邀進入遊戲室中，分享她和其個案之間那份深度連結後的親密體驗，也一同參與了她在沙中的治療。在本書中，Dora Kalff敞開大門邀請讀者們一同造訪由沙、物件以及她的同在所創造出來的各種無可預料的轉化。

　　在編輯的過程中，我們以最誠摯的態度保留其德語原文的精義與內涵，此外，我們也想要保留其原作中案例圖片的清晰度與美觀；基於著作時代的背景因素，我們也決定使用男性第三人代稱以符合該年代的寫作風格。

編輯

Barbara A. Turner博士

2003年

序言

　　我很樂於向各位介紹《沙遊：通往靈性的心理治療取向》（Sandplay: A Psychotherapeutic Approach to the Psyche）的英文新譯本，這本書的作者是我的母親朵拉·卡夫（Dora Maria Kalff, 1904~1990）。當我自己在鑽研沙遊治療時，我很感激母親當年所給予的提攜與指導。也因為如此，我很高興能為這本書的英文譯本寫序，並提供我對於沙遊治療在實務方法上，及其淵源探討上的一些省思。

　　沙遊是一種心理治療與促進個人發展的方法。這個方法的源流有三，包括榮格（C.G. Jung）的分析心理學（Analytic Psychology）、Margaret Lowenfeld的「世界技法」（World Technique），以及東方的思想與哲學，最後由我母親將三者匯集為一。

　　我母親很晚才對心理學發生興趣。她到蘇黎士的榮格學院展開為期六年的研究課程時，已經四十五歲了。她在1949年離婚，成為單親媽媽，獨自撫養兩個年齡分別為三歲和十歲的兒子，這樣的經歷使她必須投入某種新的轉換，以便開展新的人生。自從二次大戰之後，她就一直住在帕本山莊的一棟小房子裡；很巧的是，榮格一家人也在這附近渡假，我的兄長彼德也因此和榮格的孫子結為好友。這段巧遇最後成為我母親和榮格及愛瑪·榮格（Emma Jung）之間最具關鍵性的會晤，促使日後她開始接受分析並進行相關研究。榮格一家人鼓勵我母親認真思考以兒童為對象的深層心理學。於是她開始接受愛瑪·榮格的心理分析，並直接和榮格一起處理若

干特殊的個人議題。

她出生在一個健全的中產階級家庭，全家住在蘇黎世湖附近的小鎮，家中三女一男，她排行老三。她父親是一位頗具影響力的人物，擁有一家紡織廠。另外，他也是一名陸軍上校，擁有相當於美國國會議員的政治地位。還有，他也對宗教深感興趣，本來還想當個神學家。她母親則是一位很溫暖的女性，對社會充滿關懷，並且能細心和熟練地照料一大家子的生活。

我母親在年少時曾經就讀英卡汀（Engadin）的女子寄宿學校。她的希臘文老師先啟發她學習梵文，之後又學了基本的中文，她就是在這裡發現自己對東方哲學的興趣，特別是道家哲學。此外，在花樣年華之時，她也被培育成為演奏會的鋼琴家，受教於羅伯·卡薩迪塞士的門下，當時他在巴黎已享有盛名。此外，她也曾至義大利學習罕見的書籍裝訂手工藝。

二十九歲時，她和一位英國的銀行家結為連理，並搬到荷蘭居住。她和丈夫都對亞洲藝術懷有濃厚的興趣。他們過著莊園的生活，參與許多社會公益活動，同時也和皇室互有往來。我的兄長彼德在1939年出生成為這家庭的一份子。然而好景不常，由於世界大戰與德國入侵，造成民生凋敝，這個小家庭的短暫好日子也跟著結束。德國士兵占領他們的房子，我母親和小彼德搭上最後一班逃離荷蘭的火車，隻身返回瑞士。雖然她先生後來也跟著回來，但因為夫妻長期分離，最終還是走上離婚之路。

因此，在我母親開始攻讀心理學之前，她早已嚐盡生命中諸多的聚散離合。回顧過往，她可能會說，她所經歷的各種體會和她所學過諸多事物，最後都在她的治療工作中發揮重要的助益。這項結論也同樣適用於她的鋼琴學習，因為她通常會把音樂納入兒童的治療工作。

我母親十分擅長回應兒童的各種需求。榮格和他女兒就是辨識

出她這項特性的伯樂，因此他們很鼓勵她朝兒童治療工作這方面去發展，不過，當時幾乎沒有和兒童精神分析相關的資源。心理分析工作大多集中在人的後半生和夢的研究上，這種分析所需要的語文溝通技能對大部分兒童而言都尚未發展出來。因此，她開始尋找適合於兒童的治療方法。

1954年，她在蘇黎士的一場學術會議中聽到Magaret Lowenfeld談到世界技法（World Techniques），這種治療技術的關鍵特色是，兒童將小塑像放在沙箱中，讓他們藉此以非語文的方式表達自己的想法。Lowenfeld認為兒童在沙中所形塑出來的圖像具有療癒效果，並且可利用它們來克服兒童的情緒困擾。她是第一位考慮到遊戲與圖像層面的治療師，其他治療師往往過於低估遊戲對克服心靈困擾所具有的巨大潛能。

我母親認識到這個方法的不凡價值，因此決定到「兒童心理學院」（Institute for Child Psychology）向Lowenfeld學習相關課程，該院於1928年在倫敦設立。1956年，我母親開始在倫敦進行長達一年的學習；在這段期間，她也曾受教於D.W. Winnicott，並且和兒童分析師M. Fordham交換專業方面的意見。

　　我母親先在英國從事「世界技法」方面的研究，之後到瑞士左黎根（Zollikon）執業。在此同時，她也領悟到，兒童在沙遊裡面的創作，事實上是和榮格所謂個體化（individuation）的內在心靈過程相呼應。於是她發展出一套屬於她自己的方法，以便處理這些在兒童作品中出現的個體化型態。後來在Lowenfeld的同意之下，她將這個方法稱為沙遊（sandplay）。

在臨床實務中，她使用沙遊來治療兒童的效果相當不錯，此

外，孩子經過沙遊治療之後所發生的改變，通常讓他們的父母感到很訝異，因此我母親便提議這些大人們不妨自己試試看。這些父母在沙裡面創造自己的內在意象，之後也出現驚人的改變，尤其是在情緒領域和生命困境方面最為顯著。大家很快地就看出來，這種非語言的治療也可以直探成人的無意識層面。

我母親在沙遊的研究發展過程中，還有一個很重要的層面，那就是她和東方心靈導師的相遇。他們為她帶來全新的靈感，並且清楚地確認，在沙遊中可以碰觸到深刻的心靈原型層次（archetypal levels），這些層次都是與超越所有文化界限有關的集體無意識。1953至1954年間，我母親在厄諾斯會議（Eranos Conference）中碰到日本禪師鈴木大拙（Daisetz Suzuki），鈴木最卓著的貢獻即在於透過他的著作將禪（Zen）引進西方。我母親到日本拜訪鈴木，之後在一間禪寺安住下來，她是第一位享有此種殊榮的女性。鈴木令她印象最深的事情是，他具有敏銳的能力，只要透過非常簡單的方式就可以直指最深層真理，而這些其實就存在於日常生活的起心動念之間。

雖然她很遺憾自己無法正式學習禪修，不過她後來有機會與一些禪師對談，並從中得到很大的滿足；這些禪師均證實，禪的核心精神幾乎隱含在沙遊方法中；這不是指沙遊治療外在的技術層面，而是它強調在治療過程中，必須創造一個能夠喚醒並支持個案自我療癒力量的空間。沙遊的這種特性和禪修的重要主張相當類似，因為在學禪的過程中，參禪者將會被期待只能依靠自己。沙遊和禪修都強調，我們無法從外在的引導，例如，老師或書本那裡得到全然的領悟，最終都只能向自己的內心尋求。

另外，當中國以殘酷的手段占領西藏之後，在藏人流亡海外期間，瑞士接納了一千名難民，並尋求瑞士家庭為這些人提供庇護之處。當有人詢問我母親是否願意收留一位難民時，她毫不猶豫地就

答應了，這也是為何會有出家人與我們同住的原因。這位喇嘛與我們共處了八年，也因為如此，她開始慢慢和不同的西藏宗師接觸，拜訪過我們的人包括達賴喇嘛的老師屈窮仁波切（Trichang Rinpoche），後來達賴喇嘛本人也曾親臨這裡。對我母親來說，這喚醒了她對藏傳佛教中豐富象徵的意識，以及對眾生的悲憫。這些經歷使她對案主的心靈過程了解得極為透徹，進而使她的治療工作變得更有深度。

> 沙遊的這種特性和禪修的重要主張相當類似，因為在學禪的過程中，參禪者將會被期待只能依靠自己。沙遊和禪修都強調，我們無法從外在的引導，例如，老師或書本那裡得到全然的領悟，最終都只能向自己的內心尋求。

沙遊很迅速地打響它在國際間的知名度，這要歸功於我母親的溝通能力，她可以遊刃有餘地和許多國家的同儕進行交流。她旋即獲邀到世界各地為有興趣的個人和機構授課。她在心理分析診所、榮格學院和大學裡面授課，最常落腳的地方包括義大利、德國、美國和日本。之後很快就有一個研究沙遊的社群形成，成員以兒童分析師和心理學家為主，他們很熱切地投入學習，並慢慢地開始將沙遊應用到自己的實務工作上，其中來自美國和日本的迴響尤其熱烈，它們的沙遊治療發展得相當蓬勃。目前，日本沙遊學會（Japanese Society for Sandplay）的成員超過千餘名，他們都是積極採用沙遊方法的治療師。沙遊的非語言層面特別吸引日本人的心靈，在日本，沙遊被稱為箱庭療法（Hakoniwa Therapy），這是因為日本一直都有創造小型藝術庭園的傳統，故以此命名。

沙遊在不同的國家建立據點之後，我母親便邀請來自不同地區

國際沙遊治療學會成立大會，1985年於瑞士左黎根。前排與會者由左
至右依序為山中康裕（Yashuhiro Yamanaka）、Andreina Navone、
Dora Kalff、Cecil Burney、Paula Carducci。後排站立者由左至右依
序為樋口和彥（Kazuhiko Higuchi）、Kaspar Kiepenheuer、Martin
Kalff、Chonita Larsen、Estelle Weinrib、Kay Bradway、Joel Ryce-
Menuhin與河合隼雄（Hayao Kawai）。

的代表到左黎根（Zollikon）參加沙遊治療實務與研究的年度研討
會。國際沙遊治療學會（ISST）於1985年創立，這個研討會就是它
的前身。

　　ISST的成立為沙遊治療的訓練與實務制定了相關法規與細則，
現今ISST的主要任務包括促進沙遊治療在理論與實務方面的國際交
流，以及提供沙遊治療教育與訓練課程，此外，ISST也支援一間沙
遊個案的檔案資料圖書館。在ISST成立之後，我們也定期召開全國
性與國際性的研討會，藉此討論並交換有關沙遊治療的各項資訊。
目前有三份專業的沙遊期刊發行，它們分別為：美國的沙遊治療學

刊（Journal of Sandplay Therapy）、日本的沙遊治療學刊（Archives of Sandplay Therapy），以及德國的沙遊治療雜誌（Magazine of Sandplay Therapy）。其他還有許多與沙遊相關的文獻亦不斷地增加，詳細的參考書目，請見Mitchell & Friedman（1994）所著的《沙遊：過去、現在與未來》（Sandplay：Past, Present and Future）一書。

　　正如同「沙遊」這個名稱所隱含的意義一樣，沙遊治療最顯著的特色之一就是「遊戲」，沙遊治療的一部分就是遊戲。事實上，我們通常會觀察到，就在案主能夠全然專注投入遊戲的那一刻，才是治療真正啟動的時候。這是一項極具價值的創造過程，因為恐懼、焦慮和固著的想法都會在無意之間消失。當案主的心靈重擔在沙圖的表達中得到梳理時，浮現出來的沙圖便會帶動情感的深層轉化。就像禪修的功能一樣，它會回過頭來影響案主，讓他啟動新希望，朝向更寬廣的視野邁進。

　　沙遊能夠在意識和無意識之間搭起溝通的橋樑。在沙遊過程中，意識的心境（the conscious mind）會鬆動它的控制，讓案主可以穿透潛藏在意識層面底下的無意識內涵。此時必須認清兩件事情：無意識會透過物件的挑選與沙遊的塑造過程中覺醒；同時，意識或認知狀態則變得沉默。透過這種方式，沙遊可以促進榮格所提及的超越功能（the transcendent function），使案主有可能對生命產生全新的看法。在沙遊中，案主的意識和無意識被聯結起來，之後意識對無意識的態度會因此而發生顯著的改變。這種改變會促使案主在遇到情緒困擾時給予無意識發聲的機會。沙遊使這些未受抑制的無意識材料處於明晰的狀態，同時它也幫助案主發現一些他前所未知的勇氣與力量。

> 沙遊方法非常嚴謹地考慮到語言在治療上所面臨的種種侷限，並且提供其他替代途徑來表達心靈。

　　心靈傷痕會使人心生恐懼，進而破壞正向的自我發展，而沙遊往往可以增進案主處理上述恐懼的復原能力。深層的情緒困擾，通常是心理上比較原始的人格層面，往往可以在沙遊中被表達出來，並重新加以整理。在沙遊的發展過程中，初期明顯混亂的狀況會漸趨於清朗，並從中慢慢產生內在秩序。沙圖一開始會表達出案主的空虛與寂寞，但是之後可能會開始顯現新的生命與成長。強烈的沮喪雖然被小心翼翼地隱藏在假象之後，卻依然可以被清楚地表達出來，而且經由無聲與非語言表達的滋潤化育，它的破壞性也會減輕。

　　上述的心靈層面通常都不是語文所能表達，沙遊方法非常嚴謹地考慮到語言在治療上所面臨的種種侷限，並且提供其他替代途徑來表達心靈，因為令人不安的生命經驗常常無法透過言語來呈現。舉例來說，當人們目睹鬥毆與暴力時，往往是情緒高漲和充滿混亂的狀態，只有在沙圖中恣意與瘋狂的組合才能將這種生命經驗完全表達出來。一幅沙圖所蘊含的隱喻象徵遠勝過治療師的千言萬語。

　　Lowenfeld注意到語言在治療過程中的限制，這一點很值得大加讚揚，這些限制之所以被突顯出來，當然和她治療兒童的經驗有關，不過同樣的情形也會發生在成人身上。具備清晰辯才的成人由於擅長語言表達，有時卻因此喪失自己真實的感受力，非語文的表達方式反而可以傳遞更多的訊息。當我們想到自己是如何不斷地被廣告與電視畫面淹沒時，我們會毫不遲疑地相信，畫面和影像是打動心靈的強效工具。說來令人困惑，我們竟然會願意如此被動地接受這些畫面，以至於幾乎沒有機會主動創作屬於自己的心靈圖像。

Lowenfeld在臨床診療中察覺到圖畫象徵的非凡意義，在她的理論考量裡，她觀察到有些心靈層面無法透過言語來表達，Lowenfeld稱它們為原生系統（protosystem）。因為她認為，它們打從生命之始就如影隨形地跟著孩子。她明確說明原生系統是最早發展的，藉此區分原生系統和次級思考歷程。Lowenfeld將原生系統描述成某非語文思考的形式，她將它視為：

……非理性的，根據它自己的法則作安排的，極其個人與特異的，而且它的本質就是無法用言語傳達的。

Lowenfeld觀察到，兒童透過遊戲表達自己的想法，所以我們必須容許他們有足夠的空間遊戲，因為這對健全的發展極為重要。如果兒童在這方面有受到任何的阻礙，則其原生系統的能量會一直被鎖住；如此一來，就會阻止他們將更多能量投入後續的發展任務，甚至進而導致冷漠和過度服從。Lowenfeld觀察到，當這些前語文（pre-verbal）的層面逐漸可以具體象徵（如小物件）顯現在「世界技法」裡面時，它們之中所隱含的能量也會隨之釋放。Lowenfeld想要找出一個理解兒童思考的方法，她希望這個方法可以讓兒童儘量如實地表達他自己，並且減少治療師的過度干涉。

Lowenfeld想要保護兒童免於他們被治療師操弄，因此她非常強調兒童的自主性，認為讓每位兒童都能各安其位、適得其所是非常重要的。Lowenfeld曾想要排除以下兩種情形：將兒童早期的情感轉移到治療師身上，以及任何反移情的情緒作用，不過她這種作法招來許多批評。她強調在治療過程中，移情作用只會落在沙箱上而不會移轉到治療師身上，但近來已經有比較多的理論學者修正了這項早期觀察，並強調有必要區分三種形式的移情作用，包括：對沙盤內容物的移情作用；對沙盤本身的移情作用；以及透過沙盤，

對治療關係所產生的移情作用（Montecchi, 1993）。如同Estelle Weinrib（1983/2003）在其著作中所觀察到的，沙盤發揮功能的動力和Winnicott所謂「過渡性客體」（Transitional object）所採用的移情方式極為神似。

在我母親的治療工作中，治療師與案主之間的關係呈現嶄新的意義，她的看法和Lowenfeld相反，她認為，治療師有責任為案主創造一個所謂「自由」與「受保護」的空間。她注意到正是在移情關係的脈絡之下，案主才有可能進到他自己最深層的中心；我母親發現，由於這種關係的安全感，案主才會有被了解的感覺。同時，這種移情關係也容許案主可以在遊戲當中自在地進入個人未知的領域，並藉此了解本我（Self）的內容，透過這種方式，我們或許可以將這個自由與受保護的空間理解成某種正面的移情作用。我母親認為，案主是否有能力穿透本我（Self），這種關係的特性扮演了很關鍵的角色；而所謂的本我（Self），依據榮格的說法，就是最深的心靈層次，為了讓這種經驗在治療當中發生，治療師當然必須透過他們自身不斷的努力，以便和自己的完整性（wholeness）發展出生趣盎然的關係。

我很高興看到《沙遊：通往靈性的心理治療取向》（Sandplay: A Psychotherapeutic Approach to the Psyche）這本書在美國重新發行。美國在沙遊的研究與發展上表現得相當出色，而我母親的理念也在那裡得到最接納和熱情的迴響。事實上，我也注意到，我母親經常訪美，每當她從美國回來時，總是充滿活力與喜悅。我們可能永遠也不會想到，她才剛結束一連串密集的行程，包括演講、工作坊，和難以計數的個人療程！上述的支持提供她很大的能量，使她得以進一步地培育並深化這項重要的心理治療與心靈發展工具。

令人開心的是，我們現在已經擁有更多關於沙遊的文獻。儘管如此，這本經典著作仍是學習沙遊治療最重要的教科書之一。這本

書包含許多真實的個案故事，作者行文簡樸，筆鋒藏帶著我母親一貫的處事風格與態度，因此這本書也許會比其他專業取向的教科書來得更好一些。

馬丁・卡夫博士（Dr. Martin Kalff）

寫於瑞士左黎根

2003年3月

參考書目

Lowenfeld, M.（1979/1993）. Understanding Children's Sandplay: Lowenfeld's World Technique. Cambridge: Margaret Lowenfeld Trust.

Mitchell, R.R. & Friedman, H.（1994）. Sandplay: Past, Present and Future. London : Routledge.

Montecchi, F.（1993）. Giocando con la sabbia: La psichoterapia con bambini e adolescenti et la sandplay therapy. Franco Angelli.

Weinrib, Estelle L.（1983/2003） Images of the self: The sandplay therapy process. Cloverdale, CA: Temenos Press.

Archives of Sandplay Therapy. Edited and published by: The Japan Association of Sandplay Therapy.

Journal of Sandplay Therapy. Sandplay Therapists of America.

Magazine for Sandplay-therapy. Publishing house sandplay-therapy, Landauerstr. Vol. 16, D-14197 Berlin, Germany.（pp. 166）

前 言
沙遊治療之運用─Dora Kalff的提醒

　　沙遊治療在準備充分的治療師的運用下，是一項強而有力且價值無限的治療模式。「強而有力」這個字眼，意指著它既能治癒，但也能致傷。因此我急切的提醒，若是想要開始運用沙遊，即便你是對其他治療法已甚為熟練的資深心理治療師，但仍應該在合格的沙遊治療師的協助下，成為個案以親身體驗沙遊治療的深刻歷程。合格的沙遊治療師們應具有該國沙遊治療學會以及國際沙遊治療學會的會員身分，所有的沙遊治療師都需在合格的沙遊治療師之指導下，歷時一段為期不短的訓練與督導過程，若非如此，貿然為個案進行沙遊治療則為有失專業職責之舉了。

目　錄

圖　次

第一章

沙遊：通往心靈之路

　　我的沙遊治療主要是以兒童和青少年為研究對象，在治療過程中，我觀察到榮格所說的個體化歷程（individuation process）是如何地在沙圖的意象中相互呼應。在以下所呈現的敘說中，我想要透過幾個發展案例來闡明這些發現，所有的案例都是在我遊戲室裡發生。不過，在此之前，我必須先做一些澄清。

　　榮格認為，本我（Self）從一出生就開始引導心靈發展的過程，這一點和我的觀察是一致的。根據榮格的說法，本我「……標示了人類所有心靈現象的範圍，表達出整體人格的統一性。」本我包含心靈的意識與無意識成分。[1]Erich Neumann主張，人類天生就是一個整體（a totality），暫時被保存在母親的本我裡面[2]。當母親能夠滿足新生兒的所有要求（例如，禦寒、止飢）時，孩子會經驗到一種來自母愛的無條件保障和安全感。我們稱這個為母子聯結（the mother-child unity）的初始階段。

　　一歲以後，孩子的本我：心靈整體的中心，會和母親的本我分隔開來。在第二階段，透過母親的關愛與照顧，他會感受到和母親之間的關係越來越令人心安，並且從中培養出信賴關係。

　　這個最初的關係不僅使孩子獲得充分的安全感，也為第三階段奠下重要的基礎。此一階段大約發生在兩歲末到三歲初左右，在這段期間，本我的中心會在孩子的無意識裡穩定下來，並開始透過各種代表整體的象徵（symbols of wholeness）來加以顯現。在此一時

期，孩子會以這類象徵來遊戲、畫畫或說話。在不同的時空和文化裡面，孩子都會有意識或無意識地使用相同的古老象徵語言來表達自己，而它們也是成人所曾經使用過的。這些象徵多是具有神格意涵的人形（例如，基督、瑪莉亞，或佛陀的形像），或是與幾何或數字有關的圖形。我們認為這些代表人類心靈整合的象徵在不同文化中都言之成理。因為打從人類發展之初，它們就出現在世界各個地方，並且有著共通的符號。榮格觀察到，圓形是代表上帝、天堂、太陽、靈魂，以及人類崇高理想的象徵，這是眾所周知的事，尤其是當它做為一種完美或完美存在的象徵時更是如此（見圖1、2、3、4）。就我的經驗顯示，當個體逐漸達到整合的境界時，四方形的表徵就常會出現。

圖1　做為某種整合意象的幾何圖形。毛筆與墨水。摘自《禪的世界》。

我觀察到，在靈性發展的過程中，「四」的實體要不是出現在圓形的象徵之前，就是和圓形有關（見圖5、6、7）。

幾年前，當我在舊金山看到Rhoda Kellogg所蒐集的兒童藝術作

圖2　沙中之圓。農夫在沙上面耕耘出代表整體性的圓圈。（11歲男童的沙遊作品）

圖3　圓形的太陽是一種完美存在的意象。《轉化的象徵》，榮格。

圖4　太陽。太陽位居中央，代表本我（Self）。（15歲男孩的沙遊作品）

圖5　天圓地方。中國周朝的雕塑作品。《中國藝術》，MacKenzie。[3]

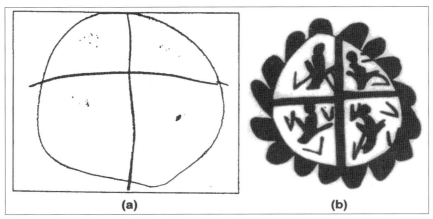

圖6　（a）圓形和四方形出現，做為一種代表靈性整合的意象，六歲孩童畫。（b）比較進化的本我意象，粗略具有人的樣式，六歲孩童畫。《兒童藝術分析》，Kellogg。[4]

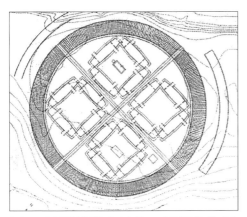

圖7　早期的維京村落，圓周分為四區，每一區內又形成方形設計。丹麥遺跡圖示，丹麥國家博物館。

品時，更確認了自己的想法。Kellogg女士曾經擔任多年的托兒所主任，她在任職期間蒐集了數以千計的幼兒繪畫及手指畫作，幼兒年齡從兩歲到四歲不等。絕大部分的畫作都顯示大家所熟知的整體（wholeness）象徵。

這些象徵不只出現在兒童的畫作中，同時也出現在他們的口語溝通裡。有一天，一名三歲的小男孩問我：「如果地球真的是圓的，而上帝也真的看得到每一個人，那麼這是不是代表祂像

一個圓圈？」他在每一幅畫的上方都畫一條藍線，從一端延伸到另一端。我問他這些線條代表什麼意思，他說那是上帝。每一條線都是大圓圈的極小部分，而這些線條則是表露了他對世界或宇宙的概念。

另一名年齡相仿的男童曾經在我的鋼琴上看到一些錫製的物件，他把它們排成一個完整的圓形。之後，他離開房間一下子，當他回來時，帶了一隻小小的白色塘瓷鴿，並且將它放在鋼琴上的一禎照片後面。當我問他為什麼把鴿子放在看不見的後面時，他回答說：「我們也看不到上帝啊。」

透過上述這些童言童語，我們似乎比較可以了解象徵的隱喻內涵。圓形不僅是幾何形狀，同時也是一種象徵，可以顯露某種潛隱在人心深處的謎團。象徵表明了人類與生俱來的內在潛能圖像，這些圖像充滿能量，當它們被顯現時，會持續地影響到個體的發展。這些代表神秘或宗教內容的象徵，顯露了一種渴望心靈秩序的內在驅力，讓人可以和神之間產生某種關聯性。這種心靈秩序除了給人帶來內在的屏障外，也確保他的人格可以得到發展。

> 象徵表明了人類與生俱來的內在潛能圖像，這些圖像充滿能量，當它們被顯現時，會持續地影響到個體的發展。

我要強調的是，本我（Self）乃是上述這種內在秩序，或是整合型態的顯現，它是人格發展過程中最重要的狀態。心理治療的研究成果已經證明，只有當人們可以成功地顯現本我之後，自我（ego）才可能因此而得到健全的發展。本我可能透過某種夢的象徵，或是沙箱裡的一幅畫來展現，這樣的本我可以確保人格的整合。

反之，當自我的發展過於脆弱或神經質時，本我便無法透過象

徵展現出來。之所以如此，可能是因為沒有得到必要的母愛保護，或是因為本我的顯現受到外在因素的強烈干擾，例如，戰爭、疾病；或是兒童早期發展階段的環境不夠溫暖接納。因此，我通常會在治療過程，讓孩童的本我有機會彰顯出來。在這當中，我會試著透過移情作用來保護孩子的本我，並穩定它和自我之間的關係。在心理治療關係的範圍之內，這項目標是有可能被達成的，當一個自由和受保護的空間被創造出來時，心靈本身自然會形成群集，此種傾向正好與我的目標一致。當治療師對孩童能夠完全接納時，這種自由的空間便會在治療情境中出現；此時，治療師就像孩童本身一樣，都是現場所進行事物的一部分。當孩子覺得自己並不是一個人獨自經歷絕望與快樂時，他會很安心自在地表達自己所有的想法。這種信任關係非常重要，因為在某些情況下，心靈發展的第一階段，也就是母子聯結階段，可以得到恢復。這種心靈處境可以建立內在的和平，使人格具有完整發展的可能性，包括它的知性層面與靈性層面。

　　治療師的角色就是要察覺上述的種種可能性。而且，就像奇珍異寶的護衛者一樣，也要一路守護它們的發展。對孩子來說，治療師不僅代表保護（protection）、空間（space）和自由（freedom），同時也代表界限（boundaries）。每一發展階段所發生的獨特現象都非常重要，因為個人所需的心靈能量轉換可能只會在這些範圍內發生。

Gerhard Tersteegen是一位十七世紀的神秘主義者與牧師，他奉以下原則為生活圭臬：「無論何人，當他在面對靈魂時，都必須像一位用韁繩引導小孩的保姆一樣，只能保護孩子免於危險和跌倒；至於其他方面，他必須容許孩子能夠自由施展；」在我看來，他似乎是在說，這世上並沒有一個明確的理論可以用來救贖靈魂；我們必須承認每一個人的獨特性，以確保在智慧的引導之下，每一個人的個體

性都可以得到自由的發展。

我們可以將「在治療師的照顧之下發展」，和Pestalozzi在《格楚德如何教育她的小孩》（How Gertrud Teaches Her children）這本教育論著中，所設定的目標互相對照。Pestalozzi認為，孩子透過母親真誠的愛來達到內心的統一，進而取得接近神性的機會。[5]

根據我的經驗判斷，孩子唯有在安全的情境下才可能發展出健康的自我，雖然通常二至三歲的孩子就應該已經擁有這種能力，但是當孩子的自我很脆弱時，他還無法透過象徵來顯現本我。不過，令人驚異的是，我發現儘管在兒童期無法透過象徵來顯現本我，但是這種能力通常可以在治療過程中恢復到某種程度，而且不論處於人生的哪個階段，都有復原的可能性。

榮格自己就曾說過：

> 就我的經驗而言，我認為治療師應該正確地理解各種有關整合（wholeness）的象徵，經由它們的協助，精神官能解離症（neurotic dissociations）可以得到修復。而它們是某些集體無意識的表徵，可以促進意識與無意識兩者所迫需的聯結，而這種聯結無法以理性的方式或具體的治療技巧來加以完成。[6]

從這個意義來說，我們也可以理解Bachofen所提及的：「這正是象徵（symbols）的寶貴之處，因為它容許，甚至刺激不同程度的理解；它引導人們從物質生活的表相走向更高層次的心靈實相。」[7]心靈的意象原本是超越意識層面的，但是透過象徵卻可以把它具體化，並且直指人類本質的永恆基石。人們一旦能運用象徵並有所感受之後，就會經驗到生而為人的尊嚴。

因此，象徵在沙遊治療中扮演很重要的角色，這是我從

Lowenfeld的世界技法中加以擴充的技巧。[8]我使用一個28.5×19.5×3（英吋）的沙箱。這種大小可以允許又同時可以限制沙遊者的想像力在此一空間，因此它的功能乃是在於調節和保護。

此外，我還會提供數以百計的小物件，所有可以想到的類型都包括其中，孩子可以在沙上面排列他所選擇的物件。我們可試圖將孩子所製作的沙圖理解成其心靈現象的某個表徵，而且是以立體的方式展現，無意識的議題得以鮮活地被搬上沙箱內演出，就像一齣戲劇一樣。衝突從內在世界移轉到外在世界，極其生動地被呈現出來。這種想像式的遊戲會對孩子的無意識產生影響，進而啟動他的心靈。

治療師必須對出現在沙圖中的象徵及其隱喻有所理解，這種理解通常會促進分析師與兒童之間的信任氣氛，此種信任正如最原始的母子聯結一般，具有相當的療癒作用。由於我們是在自由安全的空間內處理象徵的經驗，因此治療師未必要使用言語向兒童傳達或分析他的洞見。不過，在某些情況下，治療師應該以淺顯易懂的方式來向孩子詮釋沙圖的意義，而且使用的方式最好和孩子的生活處境有關的例子來呈現。藉著外在象徵隱喻的協助，內在的困境會慢慢變得清晰可見，並帶來可能的改變。在此過程中，新的能量被釋放出來，使自我可以獲得更為健康的發展。

還有，沙圖中的細節和組成內容也為治療師提供一些可以遵循的治療指標。例如，初始沙盤經常會提供和個案心靈處境有關的訊息，這個處境會隱藏在種種的象徵背後，它也許包含了通往實現本我之路。圖8是一位八歲男童的作品，這幅沙圖非常能夠代表這些能量的正常發展情形。在圖的右上方，有一名優秀的牧羊人帶領著一群羊，這是本我的具體表現。排列整齊的黑色（摩洛哥軍人）向空地移動，我認為那代表男童內在維持寧靜的力量。這些力量都全副武裝，不過，這名男童卻說：「事實上，他們不需要配戴武

圖8 黑色的無意識能量整齊地往本我（Self）移動。（八歲男童的沙遊作品）

器」，因為他發覺自己可以應付他們。

我在沙遊方面的觀察經驗和Erich Neumann的自我發展階段理論不謀而合[9]，這些階段包括：（1）動物、植物階段；（2）戰鬥階段；（3）適應集體階段。在第一階段，沙圖中所傳達的訊息通常與自我有關，出現的物件以動物和植物為主。在第二階段，戰爭的場景會一再出現，這種情形在青春期尤為明顯。就目前而言，上述這名男童已經很堅強，因此他不但可以自己站出來對抗外在的影響力，也能夠與它們搏鬥。經過動、植物與戰鬥階段之後，他終於以人的形式融入大環境，並成為世界或宇宙的一員。

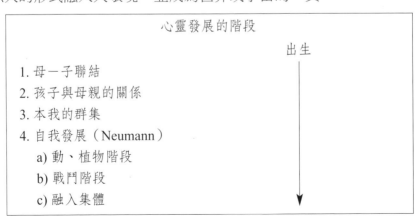

　　在我研究中國思想的時候，偶然看到一幅和我們觀點一致的圖表（圖9）。這幅是中國宋代哲學家周敦頤所製作的太極圖，他大約生於西元一千年左右。

　　太極圖中的第一個圓圈代表萬物之始，和本我的誕生具有極相似的特徵。第二個圓圈則顯示陰陽融合的行動，之後產生了五種元素（五行）。我傾向把這個圓圈和所謂「本我的顯現」予以聯結。它包含某些能量的起源，這些能量會導致自我的形成與人格的發展（圖10、11）。就像五種元素起源於這個星座一樣，人格也是環繞著

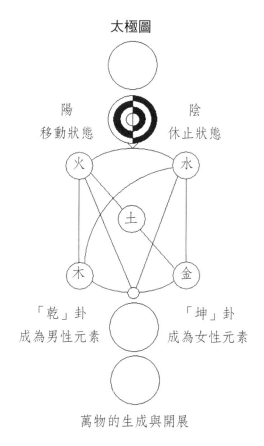

圖9　身體與心靈的漸進發展圖。周敦頤，中國哲學家（西元一千年）。

圖10　男女互抱，其中有圓。來自本我的陰陽互動形成自我的起源。（丹
　　　麥）

圖11　舞者。男孩和女孩在一個五芒星上跳舞，顯示男性與女性特質的交
　　　流而成為整合的個體。（一個十二歲女孩的雕塑）

圖12 代表「整體」（wholeness）的基督站在地球儀上。地、水、火、風四大元素流入物質世界的四個小圓中。《心理學與煉金術》，榮格。

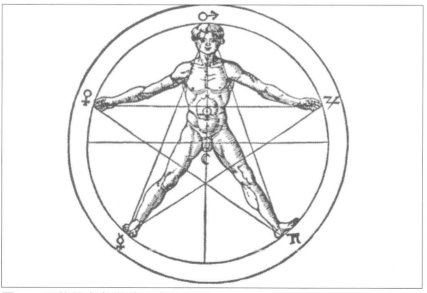

圖13 五芒星上象徵著宇宙的男子。Tyco Brahe, Calendarium Naturale Magicum Perpetuum（1552）。

自我中心點逐步向外發展。此外，在我們的傳統裡面，「五」也是代表自然人（the natural man）的數字（圖12、13）。在這裡，人的頭和向外伸展的四肢被畫成五芒星，而且是大宇宙裡的一個小宇宙。太極圖中的第三個圓圈可以類比作個體化過程中本我的顯現，這個狀態通常發生在人的後半生。在第四個圓圈中，我看到的是正好和開始相反的「結束」。在這裡，我看到移動的結束，使生命從出生走向死亡。而在上述的歷程中，轉換之法（the law of transformation）是太極圖的基本精神，遵循此一法則，死亡掌握了新生之源，死亡是另一個重生的開始，就像不斷生滅的心靈處境一樣。

這些意象可能在告訴我們，在所有的傳統裡面，我們生命都是在回應某種身體與心靈的流動，這種流動可被視為個別發展的基礎。因此，對我而言，有關我們對兒童和青少年治療所做的努力，便是從上述觀點來看待它們的真正價值。

來找我治療的孩子，大部分都很缺乏內在的安全感或歸屬感，它可能肇因於失功能的家庭，或是家庭外的某些不良環境，上述的現象妨礙了他們的正常成長，而安全感與歸屬感正是他們內在平衡所需要的。正因為如此，我不會將我看診的地方和我的居家環境與氣氛分隔開來（圖14a和14b）。當我將厚重的大門關上後（這棟房子最初建於1485年），孩子會走進一個古老的房間，裡面有一個華麗而且顯眼的貼瓷暖爐。暖爐邊有幾格嵌入的階梯，讓人很容易爬上暖爐的頂端。在這房子裡，孩子可以隨意自在地做他想做的事情。他可以在暖爐上或坐或臥；他可以俯視整個房間，或是從窗戶往外觀看飛鳥，在花園裡的小噴泉上玩水或嬉戲；他也可以看一些圖畫書或閱讀雜誌；此外，我也會鼓勵他研究這棟舊房子裡面的一些稀奇物品和圖畫。我家房間與樓梯的排列很不規則，這使它更饒富趣味。年幼的孩子通常喜歡玩捉迷藏，而較年長的孩子有時則會變得很有冒險精神，喜歡玩藏寶遊戲。因此，只要情況許可，我都

圖14a　卡夫之家的大門，建於1485年。

圖14b　朵拉‧卡夫的遊戲室。

會畫出一塊區域，供他們自由使用。我通常會帶他們到地下室去，他們可以在裡面研究那些厚達一公尺的牆壁，查看其中是否有秘密通道。有時，我們會到寬廣的閣樓上，讓他們探索秘密的夾層地板。我發現，藏寶遊戲的迷人之處，就好像孩子總是不斷地尋找被藏起來的某個東西，這個東西就是他們想要在自己身上發現的寶物，而他們到目前為止仍無法找到它。

　　我的房子是在好幾百年前用石頭打造的，當初蓋房間的時候，並沒有使用直碼尺和羅盤來進行規劃，不過所有的房間還是根據自然法則逐漸擴建的。這棟房子散發出一股和年青人氣質相應和的開放氛圍，孩子就像來到一個向他完全開放的世界，毫無保留地歡迎和接納他。當他走進遊戲室時，沙盤已經準備妥當，恭候他的光臨，而原先使他因詫異而引發的陣陣緊張更是一掃而空，例如，在這之前，他可能會好奇地想知道，「我將發現什麼東西呢？我必須做些什麼事情呢？」

　　我的遊戲室裡有許多素材：繪畫顏料、黏土、馬賽克，以及巴黎石膏等等，我將它們陳列擺放在一張大桌上，看起來很吸引人。同時，我也在桌子附近安排一些沙盤，並且在開放的櫃子架上放置好幾百個鉛製或其他材料製作的小物件。這些小物件除了包括不同造型與各行各業的古今人像外，還包括野生動物與家禽家畜、不同風格的房子、樹木、灌木、花朵、圍籬、交通號誌、汽車、火車，以及古老的四輪馬車與舟船。簡而言之，無論是現實世界或幻想世界裡所能想到的東西，這裡都一應俱全。

　　以上所列的物件項目都是Lowenfeld博士為她的「世界遊戲」（World Play）所蒐集的材料，她很清楚如何在孩子的世界中讓治療師找到自己的定位。透過純真的直覺，她創造了一個遊戲，讓孩子能夠在沙箱中建立一個世界，一個屬於他們自己的世界（圖15a、圖15b）。沙箱大小完全符合眼睛所能涵蓋的範圍，孩子從無數的物

圖15a　朵拉‧卡夫和年幼的孩子一起進行沙遊。

圖15b　孩子正在考慮為自己的沙遊選擇何種物件。

件中選出那些特別吸引他，以及對他有意義的物件。當孩子從其自身處境用何種方式觀看世界，他就會用相同的方式在沙上面構成山丘、隧道、平原、湖泊，和河流，他讓這些物件上場演出，就如同他在幻想世界中親歷其境一般。孩子擁有絕對的自由來決定自己要建構什麼、要選擇哪些物件，以及要如何使用它們。沙箱的大小則反映出人們在現實世界中，行使真正的自由時所需的種種限制。它們的尺寸被縮小到一個可以將重現的心靈實相限制在某個範圍，同時也藉此提供一個安全的框架，讓轉化在那裡面發生。此時，孩子會不知不覺地感受到，自己好像置身在一個我所謂的自由與受保護的空間內。

　　在以下的章節裡我想透過幾個不同的案例，說明發生在此空間範圍內的經驗。當然，為了保護個案的隱私，我會刪掉當中部分的個人背景資料。

參考書目

1. C. G. Jung, Symbols of Transformation, Vol. 5, Collected Works.（New York : Pantheon Books, Inc., 1967）
2. E. Neumann, The Child.（New York : G.P. Putnam's Sons, 1973）
3. F. Mackenzie, Chinese Art.（New York : Marboro Books, 1961）
4. R. Kellogg, Analyzing Children's Art.（National Press Books, Palo Alto, CA. 1970）
5. J.H. Pestalozzi, Wie Gertrud ihre Kinder lehrt, in Jung's Collected Works, Vol. 9.（Zurich : Racher, 1945）
6. C. G. Jung Psychology and Religion, General Remarks on Symbolism, Vol. 11, Collected Works.（New York : Pantheon books, Inc., 1963）, 191.
7. J. J. Bachofen, Mutlerrecht and Urreligion （Leipzig : Kroner, 1926）.
8. R. Bowyer, Lowenfeld World Technique : Studies in personality.（New York : Pergamon Press, Inc. 1970）
9. Neumann.
10. M. Lowenfeld, The Non-verbal Thinking of Children and its Place in Psychology.（London : The Institute of Child Psychology, 1964）

第二章

克里斯：焦慮的九歲小男孩

　　克里斯的父親是一位高壯的農夫，他帶著九歲的克里斯來到我家，這名小男孩給人的第一印象是稍顯柔弱和焦慮，不過在我的邀請下，他願意隨我走入遊戲室。他以遲疑但好奇的眼神四處打量，微捲的頭髮襯托出他蒼白的額頭。我好奇這樣一個纖細的小男孩怎麼會是來自鄉下的農村！過了一會兒，他的目光落在一把和他相隔較遠的玩具槍上。我問他想不想玩？他防衛性地移了移身體，動作雖然細微，卻將他心中的害怕表露無遺。

　　克里斯的父親表示，由於克里斯時常逃學，因此學校當局要求他帶小孩去看心理醫師。表面上，克里斯每天都很準時的上下學，他媽媽根本不知道他已經翹課多次。克里斯和父母及七歲的弟弟一起住在鄉間，附近人煙稀少，他必須穿過一大片植有果樹的牧草地才能抵達學校。當其他孩子在學校上課的時候，沒有人知道克里斯在這段時間翹課去作什麼。

　　克里斯瞥了沙盤一眼，我開口問道：「你有玩過沙嗎？」

　　「有，以前玩過」他答道……「但是，現在只有我小弟才適合那玩意兒，我的年紀太大，已經不適合了。」

　　「不過，我想你一定沒有在沙堆裡玩過像這樣的玩具和小物件」，我把自己的收藏品展示給他看。

　　他果然被這些各式各樣的小物件吸引住，而且立即玩了起來。他先在沙盤中央堆出一座大山，並且小心翼翼地挖穿一條隧道，直

到眼睛可以直視無阻，方才露出滿意的神情。接著，他將注意力轉
到小物件上。他先看中一間小房子，把它放在沙盤的左下角，然後
在它旁邊放一個鞦韆，同時用柵欄把這些東西圍起來，沒有預留出
入口。此外，他也在山頂種一棵高高的白揚木，並且在樹蔭底下放
一個坐在長凳上的小男孩；還有一條羊腸小徑從沙堆通往較為下方
的平地（見圖16）。

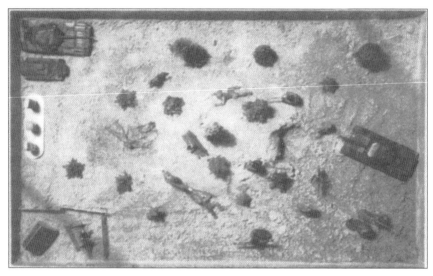

圖16　他坐在圓形的小山頂上，外在世界的力量威脅到這名小男孩的
　　　發展。可庇蔭的樹木和加油站蘊藏的能量，正可提供他克服心
　　　中巨大的恐懼。

　　突然間他變得活潑起來，還選了幾部重型坦克、幾個士兵，和
一些武器，然後把它們放滿整座山頭。「戰爭爆發了！」他說。士
兵包圍整座山頭，機關槍射穿隧道，坦克車準備戰鬥，他甚至想要
將一架轟炸機從天花板以細線垂吊下來，因為這樣才能從空中攻打
這座山頭。

　　一開始還顯得羞澀和焦慮的這個小男孩，現在卻似乎是熱切地

要讓每一件事情都能完全照他的意思去做。克里斯滿意地看著自己的沙圖，並確保炸彈一定會擊中目標。在離開遊戲室之前，他突然把一座加油站放在沙圖的左側邊緣。當他走去會見父親時，臉龐閃閃發亮，並邀請父親前往觀賞他的作品。

在我看來，這幅沙圖一方面展現了一個寧靜的情境——很可能是他目前的居家生活方式：一間房子，一個小花園和一名坐在鞦韆上的小男孩，克里斯在這裡似乎覺得很自在；同時，在山頂上白楊木下的小男孩也是他所認同的另一個對象。

> 對他而言，外在世界似乎是一個難以攻克的對手，於是他焦慮地退回自己的聖域，也就是在他家四周用柵欄圍起來的避難之所。

樹木自古以來以來便盤據在人們的腦海裡，它的根苗深植於肥沃的土壤中，樹幹朝天筆直而立，枝椏四處伸展有如皇冠；春天時繁花似錦，秋日則果實累累垂掛。樹木的成長周期宛若人生四季，它在許多文化裡都被認為是生命之樹：人們在樹蔭下尋求庇護，摘取果實緩饑解渴。因此，透過上述的方式，樹木具體表現了「保護」與「滋養」這兩種元素。

克里斯在山頂上想像他的生命之樹。在樹蔭下，他渴望發展一些才華，以便讓自己在現實世界裡有適當的落腳之處；山邊四起的戰火則代表他的願望正受到威脅。對他而言，外在世界似乎是一個難以攻克的對手，於是他焦慮地退回自己的聖域（temenos），也就是在他家四周用柵欄圍起來的避難之所。

當我注視克里斯在山頭中央的那座山時，我會不由自主地聯想起孕婦隆起的腹部，我想知道為什麼這座山成為士兵們攻擊的目標？這是因為他媽媽曾經在懷孕時碰到不幸的事情嗎？還是因為這

個小男孩想要從母親以外的女性身上尋求撫慰，才使他構想出山上白楊樹下的呵護的情境？我的結論是，和他母親討論過後或許可以得到一些訊息。

克里斯的媽媽告訴我，她在一個窮困的農場長大，生活非常艱辛，她常常覺得身體不舒服，特別是會肚子痛，只是家人很少注意到她有這個毛病。不但如此，當她覺得有病痛時，還會被罵懶惰；甚至到她結婚後，腹痛依然存在。結婚後，她則是很怕懷孕，總是需要好幾位醫生再三向她保證生小孩很安全，一點都不可怕，她才放心。不過，等到一懷孕，她幾乎無法忍受對生育的恐懼，因此她又再一次地需要醫生不斷地向她保證一切沒問題。最後她終於可以耐著性子等待分娩了，然即使生產的過程很正常，但她還是無法承擔照顧嬰兒的責任，因為她心裡又開始充滿了新的恐懼。

因此我們或許可以假設，克里斯從未在他媽媽身上真正找到安全的依附感。我們甚至還察覺到，母親的恐懼可能已經轉移到孩子身上。

此外，小克里斯在幼年時也遭遇到非常多的意外事件。當他只有兩歲時，他把手指放進牆上的插座，結果被電到；他也曾在入學前動過疝氣手術，這件事似乎一直讓他心生恐懼。據他媽媽轉述，他非常害怕打針和穿白袍的醫生；他很害怕黑暗，也害怕晚上獨自一人待在樓上的房間。

在他唸小學二年級的時候，有一位老師管教學生的方式非常粗暴不當，因而使他變得更為焦慮，最後終於導致他逃學。就在此時，他也開始偷媽媽一些小東西，尤其是糖果。

因此，面對這樣一個案例，我認為治療的首要之務就是提供克里斯必要的安全感，好讓他有能力可以自己去面對生活上的難題。

從克里斯的沙圖顯示，他正在尋找一個家庭以外的安全處所。由於他正在追尋一個象徵性的母親，因此他期待自己在山上受到白

楊木的庇蔭。另一方面，這棵樹木也是本我（Self）的象徵，它不只具體表現母性的陰柔面向，其筆直的樹幹也具有陽剛的意涵，所以它也承載著結合陰陽的意味。從預設的角度來看，我希望這男孩內在的自然能量能夠開始聚中（centering）；另外，我也很高興克里斯在最後一刻，將一座加油站擺在沙圖的左側邊緣，這代表新能量未來可以從無意識中湧現的契機！

　　到了第二次治療時，克里斯似乎可以完全放鬆地和我相處，並且由他決定要玩哪一種遊戲。他一開始就被一間小店舖深深吸引，他想要去那間店向我買東西。店裡面有各式水果、雜貨和糖果，他買了一大堆橘子。這也難怪，因為在光潔的表皮下內含甜美多汁的水果與種子，象徵新生活的開始，這是他無意識裡極力想要獲得的。

> 　　儘管他希望我可以讓他使用整個畫紙的版面，我卻很訝異他只在底部的角落畫一個小人。沒錯，那正是他的自我（ego），它還是那麼渺小！

　　在另一次治療中，他本來玩著平靜的商店遊戲，卻突然間襲擊這間店，驟然結束了遊戲。他是攻擊者，並要求我扮演警察，必須在房子裡找到他。我家這幢老房子有一些密室，克里斯覺得藏在裡面很好玩，因為這代表我得花很久的時間才找得到他。我通常都會延長搜索時間，好讓他覺得自己實在很擅於躲藏。這個遊戲難道不是在顯示，克里斯多麼的希望我能揭開他內心的祕密嗎？他希望能被認真地看待──他希望有人來尋找他。

　　後來他向我透露，他像他父親一樣喜歡畫畫，他想在大白板（2.50×1m）上作畫。儘管他希望我可以讓他使用整個畫紙的版面，我卻很訝異他只在底部的角落畫一個小人。沒錯，那正是他的

自我（ego），它還是那麼渺小！

　　一個月後，他完成了第二幅沙圖，同樣又是一個小男孩坐在山上，山底下有一個小村莊，鴨子和天鵝在村莊的廣場上四處走動。突然之間，他把打鬥的士兵放滿了整個村莊，使原本寧靜的村莊搖身變為戰場，幾部汽車和一輛火車也陷在山丘中。這幅沙圖顯示，他這一個月以來幾乎沒有任何進展。

　　儘管如此，克里斯卻變得越來越勇於嘗試，他甚至對玩具槍感到興趣，他想知道怎麼操作它。首先，我教他怎麼握槍才能扣住板機；後來，他想要聽槍聲，但是他要我讓他站得老遠，且雙手捂住耳朵時才能開槍。他看我射了兩、三次，也聽了兩、三聲槍響之後，他也想自己動手開槍試試看。我們後來到了地下室，他在裡面朝石頭地板射了無數的火藥彈，雖然我無法供給他足夠的響炮，好讓他繼續玩下去，不過槍聲越響亮，他就越快樂。

　　大約過了四個月之後，他才又製作了另一幅沙圖。他用手在沙上面畫了幾條寬闊的街道，然後放了一些汽車在街上行駛。和第一幅沙圖相比，這幅沙圖顯得空洞而無意義。不過，這是第一次他沒有在路上放置障礙物，這些汽車可以自由地走動，這代表他靜止的心靈能量已經開始流動了！我希望不久的將來，可以在他實際生活裡面看到明確的進展。

　　在下一小時的活動中，他又在大白板上畫畫。這一次，他幾乎把所有可以用的空間都填滿了。整張圖是一場滑雪比賽，許多人在滑雪道上排成一線，觀看一位往山下猛衝的滑雪者。這幅圖畫證實了我原先的想法──隱藏在他無意識的能量正在活化、啟動，並且正要朝向某個目標移動。他的外在世界也產生了變化，從一開始的戰鬥士兵換成觀賽的群眾，前者代表他能量的發展受到阻礙，後者代表有人以欣羨的心情觀看成功者，也就是滑雪者。我非常清楚地知道，這個外表看起來纖細柔弱的孩子，其內心隱藏著相當程度的

企圖心。

　　我目前還無法斷定克里斯是否有能力處理這股能量，不過，我還是很高興地察覺到，心靈的療癒力已經開始發生作用了。這幅圖畫暗示了這孩子的潛力，雖然它的訊息並不強烈，卻清楚地向我指出下一個發展步驟的可能內容。只是，要加以實現仍需要時間。依我過去的觀察，當沙遊中的某個情境從無意識清晰浮現後，至少需要六至八週才能推向外在生活。它宛如新生脆弱的枝芽，需要費心呵護。

　　一星期後我又再次見到克里斯，然而他臉上的表情令人擔憂。他看起來比以前蒼白，目光四處打量，顯得很焦慮。到底出了什麼事呢？「你好嗎？」我問候他。

　　「不好，我剛剛看到一場意外的車禍，」他答道。克里斯必須搭乘一段短程的電車才能來我這裡，他在途中看到一名郵差，這名郵差正要把包裹拿到電車上，卻在電車開始啟動時，從自己的貨車摔了下來。雖然郵差毫髮無傷，不過在狀況明朗之前，克里斯還是為郵差的安危捏了把冷汗，而這幾秒鐘不確定的驚嚇就足以破壞他好不容易建立起的安全感。

> 　　依我過去的觀察，當沙遊中的某個情境從無意識清晰浮現後，至少需要六至八週才能推向外在生活。

　　從稍後他的沙圖中，可以很清楚地看到這場意外帶給克里斯的效應（見圖17）。他完全是以雜亂無章的方式擺置沙上的物件。坦克車、士兵、家禽、家畜，以及來自大草原和叢林的動物填滿整個沙箱。一輛火車正陷在沙裡面。整幅沙圖的表現方式讓我想到精神分裂症患者的畫作。

　　正當我為克里斯的大倒退感到憂心之際，我仍設法從中尋找一

圖17　因為目睹一起意外事件，使得克里斯原本脆弱的安全感受到動
　　　搖。不過，在這幅混亂的沙圖表現中，開滿花朵的樹木和大象
　　　喝水的池塘是兩個充滿希望的指標。

些正面的元素。在沙圖的左側下方有一個小池塘，池塘前面的大樹
正盛開著花朵，附近坐著一名小男孩和一名婦女，他們背對著這一
團混亂。另外還有一頭大象，牠是唯一轉向池塘喝水的動物。克里
斯說，「我不想生活在像這樣的世界裡。」他試圖用小孩和婦女來
表現的治療情境中尋求庇護的象徵，他已經從經驗中知道這裡可以
找到安全和保障。還有，他也知道自己可以從未知的來源中（他的
無意識，以水做象徵）得到新的力量。此外，開滿花朵的樹木代表
本我（Self），並由它指揮成長歷程。大象可被視為這個池畔小團體
的一員，有可能是代表小男孩本身期待被「救贖」的呼喚。

　　動物代表各種不同層面的人類本能，因此我們必須考慮牠們可
能帶來的意義。大象擁有相當高的智力，牠會協助人們在叢林裡工

作；大象在印度文化中是很神聖的，因為根據傳說，牠是佛陀的創造者。所以，大象除了代表智慧外，也體現了如佛陀般「救贖者」的前意識動物形式（the preconscious animal form of the Redeemer）。

克里斯透過「我不想生活在像這樣的世界裡」的話語來表達他期待被救贖的盼望，這股盼望以無意識和象徵性的方式顯露在這個池塘邊的許多小物件裡。不過，環繞在他四周的混亂情境仍然威力驚人，而且對他而言，這個意外事件的衝擊似乎太大了。

就在這時候，克里斯的老師及時和我搭上線。我很欣慰地從他那裡獲知這個小男孩不再翹課了。不過，他還是無法跟上同學的學習進度。老師建議讓克里斯去上特教班，我擔心這也許會給克里斯造成新的打擊。因為他的企圖心目前依舊蟄伏在他的無意識裡，如果轉到特教班，克里斯所獲得的這一點點安全感可能會再次被摧毀。

於是，我請這位老師再等待一段時間，並且儘可能讓克里斯留在班上。此時此刻最重要的事情就是，提供一切可能的機會，好讓克里斯可以建立起更為堅強的心靈堡壘。除了必須維護他費盡心力所獲得的這些許脆弱成果外，在接下來的治療過程中，我還要尋求更多的方式來幫助克里斯恢復其飄搖不定的自我韌性。

到了下一次的治療時，他在遊戲室發現一個故障的火車頭。他想要把它拆解，找出故障的原因，然後加以修理。在他之前，也有年紀比較大的男孩想要這麼做，但是都沒有成功。儘管如此，我還是讓他隨興去進行。他費盡苦心才鬆開一些小螺絲和小零件，之後將它們絲毫不差地依序排列在他面前的桌子上。他不僅雙手靈巧，而且連處理最小的零件都極為細心，我對此讚嘆不已。到了治療休息前，屬於這個故障火車頭的所有零件都整齊地排列在桌上。克里斯有辦法將它們正確地組合回去嗎？他要求我不要動這些東西，等他接著再繼續處理。

　　在這次治療之後接下來的兩個小時裡，克里斯坐在桌前全神貫注地重組這個小火車頭。他不斷地試了又試，碰到行不通時，他會改變組合的方式。突然之間，火車頭開始動了。多麼令人訝異和開心啊！他很快地在地板上搭建一條火車軌道。

　　之後，他教我怎麼轉動開關和煞住火車，在一教一學之間，我們兩個人不知不覺在地板上度過了許多時光。因為我對這些細瑣的事情並不擅長，所以我索性就讓他帶著我操作，而他也很明顯地樂在其中。當我忘掉某個程序時，比方說，轉動開關，我就讓他有機會可以糾正。在這場遊戲裡，他變成我的老師，一個對他而言從未經歷或發展出來的新角色。在這裡，克里斯知道某件我可以向他學習的事情！

　　經過五個月的密集遊戲後，我建議克里斯是否願意再製作一幅沙圖，他很快地點頭同意（圖18）。一座大橋從森林跨過一條河，

圖18　正如沙遊中所浮現的方形水域一樣，無意識的能量開始沿著具有導引和調節功能的通道向四方移動。

河的兩個方向都有船艇游走其上。橋上車水馬龍，一輛火車和幾部汽車匆忙地來回奔馳。

在這裡，生命力茂盛的森林所代表的意義，是許多從無意識浮現的新能量又開始被啟動了。經過仔細的觀察之後，我注意到，其中有些交通工具都顯現了調節的功能。舉例來說，消防車趕去滅火，以及垃圾車蒐集垃圾等，相較於先前在沙圖中的混亂情境，再再都呼應克里斯比較有能力去「調節」自己的能量了。無論是在水上或陸上，都有交通工具在兩個方向循環流動。這表明了，雖然這些力量可以完全自由地流動，但是仍遵循某種秩序前行。因此，它們正在意識和無意識之間建立相互的連繫。這一次，我知道克里斯更進一步地在發展他健全的心靈了。

對我而言，克里斯似乎是一個天生的電子工程師。他不但可以非常熟練地修理火車，還會利用各種電氣小常識來增強它的功能。為了讓克里斯可以更自在地和他小弟單獨待在家中的樓上，我建議他安裝一組小型的密碼，這組密碼可以在不同的樓層之間運作。他們把訊號傳來傳去，全家人都覺得很好玩。當他在我家時，我就派他到三樓的娃娃室安裝電燈。由於房子是個體內在穩定與安全的象徵，因此我想要他象徵性地點亮自己的內心世界。克里斯很興奮地做這項工作，他全神貫注引導著纖細的電線，把它們嵌進小小的燈泡和開關裡面。經過幾小時的努力，六個房間內的所有燈泡都可以打開和關掉了。當愛迪生在上個世紀發明電燈泡時，所有的人都覺得不可思議；然而，當所有娃娃室的燈泡可以一次打亮時，我想克里斯內心所受到的衝擊也不輸給當年愛迪生所帶來的震撼。最重要的，這一切都是他親手獨立完成的！

接著，我讓克里斯又繼續製作了一幅沙圖（圖19）。一名音樂家坐在沙圖中央的一座小山上演奏手風琴，馬戲團（circus）的成員在一個封閉的圓圈內，以順、逆時針的方向繞著山丘移動。馬戲

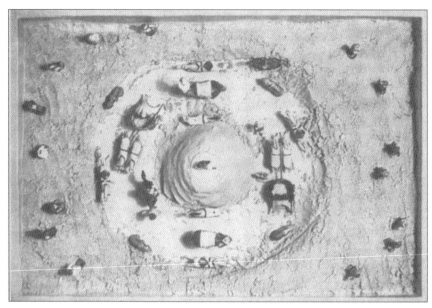

圖19　由於馬戲團的表演者同時往順、逆時針方向移動，使得前一張
　　　沙圖的四方形變成環繞中央移動的保護圈。在此，本我已被顯
　　　現出來，它催化了有力的轉化。

團的成員包括：羅馬的兩輪戰車、大象、老虎、馬、小丑，和特技
表演者。觀眾被放在圓圈外的左、右兩側。在前一幅沙圖中，克里
斯透過方形水域、橋樑，以及向四方移動的交通流向來表達他的本
我，現在，這個本我很清楚地發展成一個在沙圖中央附近移動的
「聖物保護圈」（circumambulation）。

　　在這裡我想討論一下有關「聖物保護圈」的象徵意義。在拉丁
文裡，「馬戲團」（circus）這個字有「圓環」（ring）或「圓圈」
（circle）之義。在古羅馬時代，「馬戲團」主要是用於羅馬的兩輪
戰車賽，後來用於動物的打鬥。在基督徒受迫害期間，他們被送到
羅馬競技場與動物打鬥。不過，這名九歲的小男孩之前有可能聽過
羅馬的兩輪戰車賽嗎？答案當然是否定的。雖然他可能聽過這個故
事，但是他們家離城市很遠，附近環境又很單純，他甚至連馬戲團

都沒有看過。比較可能的情況是，他曾經聽過諸如大象和老虎之類被馴服的野獸，在他的沙圖中，這兩種動物和馬一起繞圈圈。由於現今的馬戲團並不常看到羅馬的兩輪戰車，因此我們在此所面對的應該是一個原型（an archetype）。

　　克里斯的解釋是，坐在中央的音樂家正在演奏音樂給大家聽。這幅沙圖很清楚地將焦點往「中央」移動。經過比較仔細的檢視之後，我注意到兩個外圍的圈圈是往逆時針的方向移動，從心理學的角度來說，這象徵往無意識層面移動。裡面的物件則以順時針的方向畫了一個圈圈，代表朝意識層面移動。

　　我們都知道心中心感（centering）對個體來說是一種神聖的經驗，因為那是一種和人類與生俱來之宗教力量進行接觸的體會。天主教的彌撒儀式中，提著香爐的祭司會繞著祭品轉三圈，其中逆時針轉兩次，順時針轉一次，藉此淨化祭品，使其轉化為神聖後獻給上帝。如果把克里斯沙圖裡的圓圈拿來和這個儀式做類比的話，他的沙圖毫無疑問地是代表一種轉化的歷程。在克里斯的沙圖中，一個看起來似乎不重要的馬戲團裡，「原型」對心靈療癒的功能正以憾動人心的方式被表達出來。在沙圖中，代表負面力量的羅馬雙輪戰車和互相打鬥的動物，是否正準備透過靜止的無意識被轉化成另一種新生的力量呢？

　　圓圈本身，特別是繞著中心點轉動的圓圈，在其他文化中也具有神性的特徵。榮格曾經在《心理與宗教》（Psychology and Religion）這本書裡面提到：

　　　自古以來，有中心點的圓一直是上帝的象徵，因為它表明了上帝化身的完整性：一個圓點在中央，並且由一連串的點構成圓周。

　　從心理學的角度來看，這種配置方式等同於曼陀羅（manadala），因此是一種本我（Self）的象徵，它不只是個別自我（the individual ego）的參照點，而是所有心境相似者或因命運而相繫者的參照點。本我不是自我，而是一種超乎尋常的整體性（a supraordinate totality），涵蓋意識與無意識。不過，由於後者沒有任何可以認定的界限，而且在其較深層次通常具有集體無意識的性質，因此無法和一個人的整體性區分開來。所造成的結果是，它會不斷地創造所謂無所不在的神祕參與（participation mystique），它是許多個體的統一狀態，也是所有人共通的源頭。[11]

　　於是，透過與治療師之間的移情作用，克里斯成功地在他內心深處創造一個聖域（temenos），並且讓母子間的關係變得較為和諧一致。經由這種方式，他可以使自己免於崩潰，如同紛亂的圖17中所令人擔心的情形一樣。現在，他也許可以從這個受保護的空間當中應付外在世界的威脅。如果我們回想第一幅沙圖，會發現他當時的內、外在世界並不和諧。當有家庭保護時，他的狀況還不錯；但是到了山頂上，他就倍感威脅。在他最近這幅沙圖中，他象徵性地表達出中心化的歷程傾向，這種傾向通常在兩、三歲孩子的身上就可以發現了。現在，我應該從這個心意集中點上，繼續醞釀他堅強而健康的自我。

　　克里斯變得很喜歡繪畫和創作黏土模型，在上述的工作中，他充分顯現了靈巧的手工技能和卓越的色彩感。在這個階段，我儘量讓他在創意方面有表現的機會。這不僅關係到完美藝術作品的創造，也涉及透過媒材來讓克里斯表達自己的意念。

　　我們必須在治療期間重新建立Neumann對於嬰兒發展層次的假

設。那就是母子間穩定的依附關係會使人產生安全感，而這種安全感正是第一個自我發展階段的活水源頭。在此階段中，通常會運用植物和動物的層次來展現他自己，就像克里斯在下一幅沙圖中所表現的一樣。他在這幅沙圖中描繪出叢林的景象（圖21）。在林密葉茂的區域裡面，一條擁有天然堤岸的河流過它的中央地帶，此外，這個林區還連結著一處淺灘和一座橋樑，動物走向溪流喝水，在最右側的河岸兩旁各自站著一名摩洛哥人。我在這兩個皮膚微黑的人身上看到，克里斯的自我（ego）開始和原始本能的覺察層次區分開來，這個本能層次位居無意識的底層。在這幅圖中，幽暗的叢林即代表深層的無意識。

　　在現實生活中，克里斯越來越能仰賴自己的信心；同時，他的企圖心也開始越來越彰顯。相較於之前的翹課、逃學，他也更願意將時間投入在功課上面。為了親自見到他的進步狀況，我也曾受邀

圖20　一條小河流經叢林的中央地帶，兩個皮膚微黑的人站在叢林的右側。這兩個人從叢林的幽暗處浮現，正代表自我（ego）開始和無意識（亦即，本能的覺察層次）區分開來。

前往學校探望他。

　　接著，他很快地又完成另一幅沙圖，圖中景象令人耳目一新（見圖21）。相較於前一幅沙圖裡的水是在天然的河岸間流動，這一次卻是流經人工運河，船朝著運河的兩個方向移動。在河的兩岸，有一些士兵正在打鬥；克里斯告訴我，這些皮膚微黑的人正在爭奪蘇彝士運河。顏色較為濃密的林區讓人想起叢林，這上面種植了一些生長在近東與南歐的棕櫚樹；此外，也可以看到大象在此出沒。

　　讓我們想像一個叢林的景象，就如同我們在非洲大陸所看到的一樣。從心理學的角度來看，這個景象又再度展現了深層的無意識意義。我們可以假設，克里斯的自我發展正逐漸以更強的力量浮現出來。另外值得注意的是那場為爭奪運河所引發的戰鬥，這條由人工打造的運河是一項需要精密科學配合的偉大計畫。當我們通盤考量這一切之後，發現除了繪畫與電工之外，克里斯也展現了科學方面的潛力。因此，我們很清楚地知道以後應該鼓勵克里斯在各方面多加嘗試，這對他未來的專業發展將很有幫助。

　　此外，他也主動地搭建一條纜車道，連結他家與朋友家。不過，所有的搭建計畫他都有預先和我討論過，再由我協助他完成。

圖21　幾名士兵在豔陽高照的沙漠中爭奪一條人工運河。由於克里斯越來越能夠成熟地主動參與以及面對外在世界，因此他的自我發展也逐漸進入較為明確的理性層次。

纜車道似乎代表他和外在世界之間某種連結，這種連結對他未來的社會適應其實非常重要。

　　在治療一開始讓他感到惴惴不安的學校，如今幾乎已不成問題了。他堅定不懈地研讀那些最令他頭痛的科目，而且早就不再擔心自己會被轉到特教班。即使他不是一個聰明的學生，他也已經篤定地為自己日後的專業或職業訓練做好準備。在他治療期間所製作的最後一幅沙圖（見圖22），出現了一座分隔蘇黎世湖與葛莉芬湖的山丘。他在山上還放置了幾棟房子代表村莊，而靠近這些村莊的男子則是當地居民。此外，還可以看到一條街道繞著山丘蜿蜒而上，並且直達山頂，山路盡頭坐著一個小男孩。他無居無束地坐在上面，他的家就座落在這塊區域內。這表明他終於可以適應這個世界了，這幅沙圖正代表力量的轉化。在第一幅沙圖中，克里斯是以攻

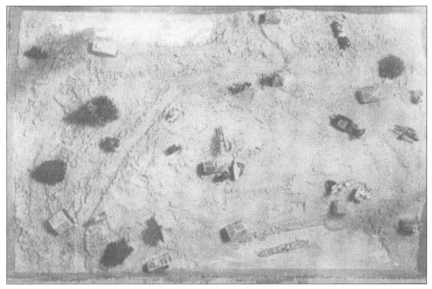

圖22　克里斯現在帶著自由與安全的心情回到他的山丘上。他充滿期待地等候，「……公車會來接我走出山丘，進到這外面世界中。」

擊的方式來表達這些力量的，而它們正是阻礙他成長的影響力。戰鬥的士兵曾經包圍這座山頭，也曾經威脅到坐在白楊木下長凳上的小男孩，但是現在這裡卻站了一群可以寧靜工作的男子。在第一幅沙圖中，克里斯眼中的自己，是一個被局限在狹隘居家情境裡的小男孩，四周充滿了戰爭的喧囂；現在的他卻坐在靠近街邊的山丘上等公車，他說，「……公車會來接我走出山丘，進到鄰近的村落當中。」

參考書目

11. C. G. Jung, Psychology and Religion: East and West, Collected Works. Vol. 11. （New York: Pantheon books, Inc. 1963）, 276.
12. E. Neumann, The Child. （New York : G. P. Putnam' s Sons, 1973）

第三章

金恩：有學習困擾的十二歲男孩

十二歲的金恩不太懂得如何去經營他的生活。他的父親形容他寂寞、行為退縮、沒有朋友，而且經常覺得生活太無聊。從小，他對遊戲就顯得興趣缺缺；偶爾會看看書，但興趣並不大。不過如果有大人作伴的時候，他就能適應得相當好。

他的衣著向來得體，頭髮也梳理得整整齊齊。雖然金恩給人一種乾淨有禮的印象，但是他的父親卻常為他擔心。這男孩最初幾年的求學過程堪稱順利，沒有碰到什麼太大的難題，但是對於同年齡的友伴，他呈現了愈來愈嚴重的退縮與疏離行為。有時候，他的學習狀況似乎並不理想。

金恩曾接受過智力測驗，結果發現他擁有中上程度的能力。他雖然接受過一些心理治療但成效不彰，於是治療師建議送他去寄宿學校就讀，希望在那裡比較容易交到可以一起運動和遊戲的同齡朋友。可是，金恩的父親不想和自己的兒子分開，因為自從他太太在幾年前過世之後，他從來就不讓金恩離開他。

以下是金恩的故事——在年僅兩歲時他就失去母親，一名護士接下撫養金恩和他弟弟的工作，她扮演這兩個男孩的母親角色有六年的時間，而他們也愛這名護士。不過他們的父親沒有真正走出喪妻之痛的陰影，時間無法撫平他的傷口，痛苦反而是有增無減。他不但離開當初成家立業的地方，而且更嚴重的是，他無法決定要轉向哪一行再繼續發展。

　　持續的不安完全控制了父親，而不安意味著沒有安全感，在這種情況下，他怎麼能夠給兩個年幼的兒子不可或缺的安全感呢？因此，在一名治療師的建議下，金恩的父親將小兒子送去寄宿學校，但仍把大兒子留在身邊，因為他想要維持僅存的家庭關係。這是絕對可以理解的人之常情，在我看來，如果可能的話，應該要通融他的這個願望。

　　根據金恩的智商和能力，十二歲的他被安排到大學先修班的初中一年級就讀。他的學業表現並不突出，最弱的科目似乎是拉丁文。憂心的父親問我的一個問題是：「我兒子能夠在不跟我分開的情況下讀完高中嗎？」

> 心靈天生具有自我療癒的傾向，治療師的任務就是為這個自然的傾向鋪路。

　　期望治療師用簡單的「是」或「否」回答那樣的問題，其實是太困難了。因為沒有什麼比心靈（psyche）更錯綜複雜、更細膩微妙、更容易受到數不盡的事物所影響。不過，當一個自由但受到保護的空間建立起來時，心靈的力量就會開始成長，只有到那時候，我們才看得到心靈成長的種種可能性。在心靈成長的可能性確實出現時，我們往往視之為奇蹟。心靈天生具有自我療癒的傾向，治療師的任務就是為這個自然的傾向鋪路。但是僅基於此一與生俱來的療癒傾向，而斷定每一個案例都能找到出路的話，似乎又太過膽大妄言。儘管如此，只要有任何可能療癒的機會，每一個案例都值得我們認真付出心力。

　　當金恩第一次走進我的遊戲室時，我對他的印象是，這個男孩並非真的那麼弱小。我感覺到，他生命中最在意的事情還深埋在他的內心裡。

　　金恩非常有禮貌地跟我打招呼，但是又相當好奇，似乎什麼都干擾不了他那得體的態度和行為。我確信他暫且不會想玩，甚至也不敢強迫他這麼做，因為強迫他會讓他離得更遠，甚至還會傷害他的尊嚴。

　　我們談到學校發生的一些事，當然，還有拉丁文，但過了一會兒，他就開始打哈欠，那是表達他完全不感興趣的最佳方式。基於這個原因，我知道即使幫他請了私人家教也不會有幫助；即使轉換至私校就讀，環境的改變也無法讓狀況產生任何實質的改善。不過，對於他何以出現這種興趣缺缺的樣子，目前仍未找到真正的原因。

　　金恩第二次來諮商的時候，他的行為變得活潑很多，他一來就問我，能不能在我的沙箱裡蓋防禦工事。相較於之前的興味索然，他提出想玩的主動性讓我很驚訝，於是我給他看看可以用的小物件有哪些。先前看似不可能的事卻似乎即將成真。

　　首先他小心翼翼地混合沙和水，使沙更容易成型（圖23）。然後，他用令人難以置信的專注力，蓋起一整套防禦工事的堡壘。經過精確計算之後，他把坦克、大砲和轟炸機這類防禦用的重裝武器放進堡壘裡準備防禦工事。起初，沙箱的左邊還是空的，直到金恩一再說服自己，相信從另一邊看不到武器之後，他才對右邊的完工感到滿意。然後，他轉向左邊，動作頗快地放了三組輕裝砲兵在相當脆弱的錫製藏身處後面。他看看這一整個沙箱的東西，最後又放了一架飛機進去，他說這架飛機衝進了小心翼翼建築起來的防禦工事。

　　從沙箱位置中，左右相對力場的不平均，使我想到了一個問題，而且在整整一個小時當中，我只問這個男孩這麼一個問題。「這三組單薄的輕裝砲兵，真的抵擋得了那些重裝武器嗎？」他的回答是「誰也不知道！」這句話深深觸動我，因為在他的回答當中，

圖23　一個由三股勢力組合發生轉變的潛力，正與金恩內在深處的恐
　　　懼和受阻的創造力對峙著。

他無意識地表現出療癒的可能性。

　　墜毀的飛機正顯示他的狀況，到目前為止，他的整個人生都只
朝著能夠意識的部分發展。他聰明、有學習能力，也懂得社交禮
儀，而且能夠調適自己配合外界施加在他身上的一切。然而，他那
構成人類本質的內在創造力，卻幾乎要窒息了。

　　「這三組單薄的輕裝砲兵，真的抵擋得了那些重裝武器嗎？」
他的回答是「誰也不知道！」

　　在青春期的初始階段，能夠取得種種與生俱來、確保人格發展
完整無缺的能量是一件極為重要的事。但是，在金恩的案例當中，
上述的需求從他幼年開始就已岌岌可危。離開子宮的安全包覆，誕
生到這個世界之後，孩童仍然需要母親的長時間保護，經由母親的

照顧，以及最重要的是母親所給予的愛，逐漸傳達安全感給小孩。孩童如果要能依據自己的潛力發展，不可或缺的就是這種安全感，如果失去母親或主要照顧者的安全依附，孩童就會退回到自己內在的角落。

> 飛機墜毀在沙盤上的畫面，是金恩對自身狀況感到無望的一種表現方式。飛機躺著的地方就是那個受到壓抑的攻擊領域，而那個攻擊領域是以防護牆後方的重裝武器形式呈現。

為了保護自己，避免受到外在環境影響，他在內心四周築起防護牆，而恐懼就躲藏在這座堡壘之後，當恐懼變得太過巨大時，它就會轉化成為「攻擊」（aggression）的形式。但是如果連「攻擊」都受到壓抑而無處宣洩時，它就會消耗掉非常多的內在能量，於是留給生命中任何新事物的能量便所剩無幾。萬一出現上述這種情況，而又有人對他的期望「太多」時，他的抗拒便會使他拒絕行使生活中種種正常的功能。

對金恩來說，他開始念拉丁文之後的課業要求顯然「太多了」。不難了解一個被很多要求嚇到的敏感小孩會失去面對問題的勇氣。這對家長和老師來說，無疑都是相當棘手的難題。

飛機墜毀在沙盤上的畫面，是金恩對自身狀況感到無望的一種表現方式。飛機躺著的地方就是那個受到壓抑的攻擊領域，而那個攻擊領域是以防護牆後方的重裝武器形式呈現。這就是金恩在創造第一個沙盤畫面之前的生活。對他而言，他第一個真正有創意的遊戲──沙遊，開始讓他原本僵化的舉止生動起來。在脆弱的建築物後方的三組輕裝砲兵，代表金恩受阻的動力。對我來說，出現「三」組這件事似乎意味深長，因為「三」是一個充滿動力的數字，不管我們在哪裡遇到數字「三」，它都和一連串有起頭也有目標的事件

有關聯。例如，在童話故事裡，我們知道那個年輕人必須完成「三個」任務，才能擄獲公主的芳心，最後贏得王國的大位。

就某種形式而言，這個男孩也必須抵達他的王國（kingdom）。對金恩來說，其王國乃是由「成為一個與自己的能力和諧一致的完整個體」，以及「在群體當中一個有用的成員」所構成。事實上，我們每個人不都是自己的主人和國王嗎？透過才華和天賦而使自己能夠每天振奮精神，並讓自己快樂嗎？至於國王擅長的領域是什麼其實並不重要，國王可能以工匠為業，或是在知識學科領域工作，重要的是，國王以其獨特的天賦與能力建構成他自己的王國。他從這裡汲取領導和統治個人王國所需的力量，而這個力量幾乎是超越人類所能意識到的一股力量。

以更具象徵的意涵而言，數字「三」隱含一條線索，從中我們得知這股力量的取得方式。自古以來，人們就認為「三」不僅是一股動力，還界定它是神聖的數字。基督教問世之前的數千年間，人們就把神祇的作為和數字「三」連在一起。

因此，數字「三」似乎與超個人的力量有關聯。榮格在他對三一神教條（The Dogma of Trinity）的心理學詮釋中談到：「……三位一體是一種原型，這種原型的支配力量不只助長心靈的發展，有時候也可能會實際強化心靈的茁壯。[13]」

對我來說，這個男孩的無意識能夠知曉這些神聖的能量。在它們的保護下，讓金恩得以超越內在脆弱的自我（ego），並且克服他過度攻擊的傾向。治療師的任務是，當孩童身上有幸顯現出這些力量時，便要將它們保存下來，以便助長它們發揮作用的可能性。

因此，當發現這孩子的心靈是多麼接近其自身療癒的力量時，是如此地讓我深受感動。這孩子的一句簡單話語：「誰也不知道」，同時是一種深奧智慧的一個表現方式。金恩的話語讓我想到中國的智者「老子」，在老子《道德經》第七十六章，我們發現東

方人和西方人都適用的一則醒世警語：

> 「人之生也柔弱，其死也堅強。草木之生也柔脆，其
> 死也枯槁。故堅強者死之徒，柔弱者生之徒。是以兵強則
> 滅，木強則折。強大處下，柔弱處上。」

另外，第七十八章則寫道：

> 「弱之勝強，柔之勝剛，天下莫不知，莫能行。」[14]

老子在《道德經》中，表達出「弱勝強」或「以柔克剛」的可能性，這在歷史上已經出現很多例證。在那些例子當中，弱者透過堅定的信念取得原本尚不知曉的力量，而這些力量往往讓他們贏得勝利。

當金恩在下一次出現時，他表示想要再蓋一個堡壘（圖24）。一方面是因為他主動想要玩，讓我感到欣慰，一方面對他的狀況會如何發展也讓我感到興奮，因此，我欣然地任由他做他想做的事。在沙圖中，另一個防禦工事完成了，但不知為何，它的形式顯得比較鬆散。他看著它說：「這不像之前蓋得那麼大。」事實上，牆壁已經沒有那麼高，這就好像金恩已經開始移除心中的那道防護牆了。

接下來的一個小時，金恩毫不拖延地再繼續建構沙圖（圖25）。牆壁又築了起來，但這次它們成了一條飛機跑道；在牆壁後面，飛機和轟炸機準備起飛。跑道又大又寬，朝著左邊延伸，這一邊象徵著他尚未體驗的諸多可能性。這意味著他那出乎尋常而且強烈的攻擊性，如今有了一條可以伸展的出路。金恩內心的障礙似乎已經象徵性的移轉了。

圖24　當防護壁壘開始變小時，金恩的防衛心也開始為之減少。

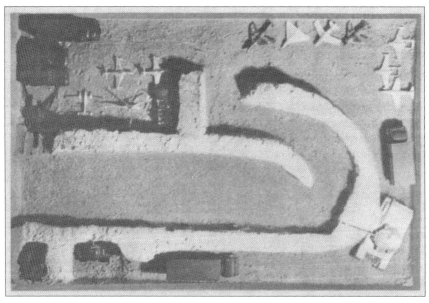

圖25　牆壁圍成一條飛機跑道，金恩強烈的攻擊能量正要獲得舒展。

　　在下一次的諮商中，金恩表示不想再玩沙子。我問他想做什麼，他環顧四周，發現了一些飛鏢，他把飛鏢射在鏢靶上。不過，經過一小段時間之後，他覺得射在鏢靶上很無聊，於是便開始把飛鏢射在我剛粉刷過的鑲木牆壁上。金恩用了好大的力氣射飛鏢，使得木板牆上的薄木條都掉了下來。我任由他隨心所欲，這可能讓他很訝異。他的面容第一次有了光彩。我之所以不責備他，也沒有說「你這樣破壞我的房間真不應該！」之類的話，其目的是希望給金恩一個保證，保證這裡真的有可以幫助他的東西。

> 　　憑藉著本能，這男孩抓住了一個代表整體的象徵。藉著這麼做，他就能夠產生朝著「聚中」（centering）發展的可能，所以我願意隨他高興做什麼就做什麼。我在他攻擊的背後反而看到一些正向的特質，雖然乍看之下可能不太明顯。

　　不過，光是射飛鏢還不夠，一把小型的空氣槍似乎比較吸引他。他又開始射擊鏢靶，而且還樂在其中。此外，他還想要製造噪音，想要聽到劈哩啪啦的聲響。在那一刻，我有了一個念頭。我們一起走進存著很多空瓶子的酒窖，這些廢棄的瓶子可以被射成碎片。有幾個小時，這個活動是他最大的快樂。一直到後來空瓶子一個都不剩，遊戲只好結束。這時他又有一個願望。他想要去把市立劇院裡的吊燈射下來。誰都能立即了解到，這個男孩內心還存在許多攻擊能量尚未宣洩出來。他也很清楚這樣的願望不可能實現，但是他真的渴望想要打破某個依然完整的東西。我感覺到他內在的攻擊能量開始在尋找目標，所以我允許他可以任意選擇找房間裡的一個物品。他看看週遭，最後眼神落在娃娃屋裡的一張迷你木製方桌上。他問我可不可以拿它當射擊目標，「你可以這麼做！」，我說。

　　起初，相較於吊燈，娃娃屋裡的迷你桌似乎是相當不起眼的目標。然而，桌子是方型（square），它似乎是一種整體（wholeness）的表徵。

　　憑藉著本能，這男孩抓住了一個代表整體的象徵。藉著這麼做，他就能夠產生朝著「聚中」（centering）發展的可能，所以我願意隨他高興做什麼就做什麼。我在他攻擊的背後反而看到一些正向的特質，雖然乍看之下可能不太明顯。在這一點上面，我想再次引用一些來自遠東地區的思想，做進一步的說明。我想到箭術在日本所代表的精神意義，當地有很多禪師會操作箭術；但是射箭的目的並非和對手血淋淋地爭鬥，而是一種精神上的修行，一種自己和自己戰鬥的歷程。當一個人瞄準箭靶中心的時候，他也瞄準自己的中心；射箭者透過這種方式設法觸及自己的中心。這往往是一種持續多年的辛苦訓練。Herrigel在《禪與箭術》（Zen und die Kunst des Bogenschiessens）當中提到這一點。

　　　　在射箭者瞄準自己但又不瞄準自己，在他可能射中自己但又可能不射中自己時，競爭於是現身；而且在這種情形下，他既是瞄準弓箭的人也是箭靶本身，既是攻擊者也是受害者。弓與箭本身只是藉口，就算沒有它們，會發生的事還是會發生。它是通往目標之路，而不是目標本身。[15]

　　此處我們清楚地體驗到我之前提過的：找到聚中（centering）的整體感，就會出現四位一體（quaternity），這裡指的是那張小方桌。這男孩既是攻擊者也是受害者，他必須打擊阻礙他發展的特質。打擊那張小方桌，就是在打擊自己。藉由採取這個行動，他開始用新的態度取代舊的態度。

　　沙盤裡的小人偶是他的下一個目標，套用榮格的話來說，它代

表的是所謂的人格面具（persona）。這個人偶有一種外在非常完美的假象，因此沒有人看得出內在波濤洶湧的樣貌。他把這個小人偶放在一塊泥土上，然後用空氣槍將它射得支離破碎。在這個時候，我不得不承認，我必須問自己，我允許這件事發生是不是做的太過火了。我擔心他現在會不會淪落到想要瞄準活人的地步。

隔天，我問金恩的父親，在遊戲室發生的這些活動對金恩有什麼影響。「昨天晚上有一件非常不尋常的事發生在我身上」，他說：「從金恩小時候到現在，這是他第一次睡前向我吻別。」原來終於有某件事突破了這個男孩的僵硬態度，他已經自行銷毀他的「人格面具」；無意識中真誠的情緒和感覺突破了原先的障礙，因此，他開始能夠擁抱他父親了。

這件事讓我更加感動，因為我知道金恩的父親並沒有能力對自己的孩子自發地展現情感。如今這男孩主動向他表露，讓做父親的喜不自勝。

因此，當個案充分宣洩負面攻擊性時，關鍵時刻就到來。儘管認清這個轉捩點不一定容易，但它卻是治療上最重要的時刻之一，如果治療師錯過它，已經釋放的能量可能會變成永久性的破壞力。基於這個原因，治療師務必捕捉住這些剛甦醒的能量，並引導至建設性的路徑上。

> 因此，當個案充分宣洩負面攻擊性時，關鍵時刻就到來。儘管認清這個轉捩點不一定容易，但它卻是治療上最重要的時刻之一。

在接下來的一個小時當中，金恩發現了一把噴槍。起初他在花園裡，自顧地讓噴槍裡的燃料滴在地上，以便稍後可以點燃它。他接著製造了很多小火焰，我承認這個遊戲非常有意思，但是，此刻

我想努力達成的並不是這件事，所以我第一次在治療過程中對他做一些介入與引導。

我向他解釋，噴槍是個非常有用的工具，比方說，我們可以用它清除木頭上的舊漆，我的房子是中世紀建築的古屋，這時屋子裡還有很多漆著醜陋顏色的桁樑，我們可以一起用噴槍清除油漆。聽完這段話，他出乎意料地對於這個遊戲的興致，轉變成讓他願意專注投入的工作，而且持續了好幾個小時。當桁樑的美麗老木頭重見天日時，原來想要利用火焰做為破壞的能量，象徵性地產生了正面的效果。

對我來說，再創造一幅新沙圖的時刻似乎已經到來，而金恩也高興地接受我的提議（圖26）。我欣喜地看著他不再碰坦克車，而且畫面上第一次出現了繽紛色彩、樹木和人物。在先前築起堅固壁

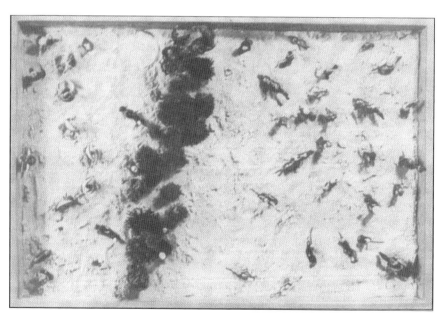

圖26　在金恩觸及本我（Self）時，他體驗到家庭原型的正面特質。四名母親的穩定性，提供他正面療癒所需的安全基礎。

疊之處，轉換成一道稀疏的樹林出現在地景上。我不敢相信自己的眼睛！在樹林的左邊有四個懷裡抱著小孩的印地安女人，圍著火堆坐在地上。

在這幅沙圖中，「家庭」的原型已經復甦了。早期童年的破碎經驗已經開始重新整合在一起！那些多年以來不能夠宣洩，而且必須透過破壞方形桌子來表達的攻擊能量，如今確實以不同而且美好的方式展現出來了。

在同一邊，四個穿著精緻羽毛服飾的印地安人，站在一根圖騰的柱子前面，至於森林的另一邊則是牛仔和印地安人在打仗。「圖騰柱子前面的印地安人代表什麼？」我問。他回答：「他們在祈禱戰爭的結果會對他們有利。」

毫無疑問，這幅畫面的象徵意義正是榮格稱之為「本我」（Self）的面貌。這四名母親象徵著孩童般的整體性，展現最近以來發生在這男孩身上的轉變。過去，他一直置身在無止盡的不安全感當中，如今在這個穩固完整的家庭基礎上，這種不安定的感覺已轉變成內在的安全感。

> 人生，尤其是青春期，有如戰役一般；然而，如果這場戰役是在根深蒂固，而且具有神聖特性的安全基礎上進行，那麼如逆境般的戰役反而會培養並強化整體人格。

這個愉悅的改變讓我深受感動。在我的經驗中，這種轉變和啟示一向是神聖的體驗。這種體驗，透過印地安人祈禱的形式再度向我證實這一點。人生，尤其是青春期，有如戰役一般；然而，如果這場戰役是在根深蒂固，而且具有神聖特性的安全基礎上進行，那麼如逆境般的戰役反而會培養並強化整體人格。

一週後，金恩創作了一幅類似的畫面（圖27），讓先前那一幅

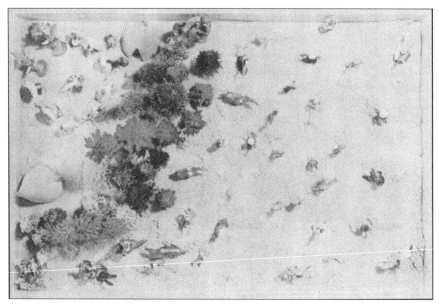

圖27　金恩在自我的顯現中，鞏固了自己的心靈中心，健全的自我發
　　　展就在此時展開。

的印象更為深刻。在四個印地安女人之前席地而坐之處，此時出現
八個印地安人偶，他們的嘴巴含著儀式用的煙斗，面對爐火圍成一
圈，還有一些印地安女人在煮飯，另一些懷裡抱著孩子。在此，聚
中（centering）的目標已經達成了。

　　數字「四」代表完整（totality），而且在大部分的文化當中與
大地有關聯，因此它指向現實狀況；另一方面，圓圈含有天堂之
意，象徵的是完整，並指向靈性的發展。

　　在我看來，「本我」（Self）以很多種形式展現，但令人印象最
深刻的是圓圈的形式，而「本我」的具體顯現，意味著健全的自我
發展就此開始，這是與生俱來的人格特質逐漸展現的起點。此時健
全發展的初次顯現必須得到保護和照顧，就像保護和照顧新生兒一
樣。因此，在這一刻終止孩童的治療，是錯誤的舉動。先前受恐懼

阻撓而且被誤認是攻擊的發展潛力，此時已經解除束縛。現在它們一定要有人協助和引導。經由適當的引導和照顧，先前似乎不可能的任務和無法展現的天分，這時可能突然間變得唾手可得。

接著，在一幅他用兩個沙盤創作的畫面中（圖28），這個男孩身上很多已經甦醒的能量明顯可見。這是一場賽車，領先的是他最喜歡的車。他那些已經解除束縛的力量，化身為有著強猛馬達的賽車，它們安全地行駛在沒有危險的整齊道路上，萬一它們衝出路面，消防車、救護車和運輸卡車都在旁邊待命。在第一幅畫面中飛機墜毀的所在之處（代表無望的情況），現在是一架隨時準備起飛的直昇機。在現實層面上，這男孩親身經歷三個心理階段。數字「三」顯現於左邊三個輕裝武器的形式。此處象徵的是 1.攻擊的表現方式、2.本我的顯現以及 3.能量的正向使用。至於目標，亦即我們想要抵達的王國，則處於將被實現的關鍵點上。

經過上述幾次治療之後，金恩在建設性的工作中找到快樂。他交了很多朋友，也變成他父親的好友。同時，他開始學會在學校中自信的展現自己。現今，經過六年而且結束治療也有很長一段時間之後，金恩不久就要參加畢業考，即將從高中畢業。那些在他當初開始治療時，原本很難自行面對與處理的問題及困擾，現在他都已經能夠自行克服了。

圖28　在這個井然有序的大型賽車場中，金恩適應外界的能力已經確
　　　定無疑。

參考書目

13. C. G. Jung, Psychology and Religion: East and West, Collected Works, Vol. 11, （New York : Pantheon Books, Inc., 1973）, 193.
14. Lao-tse, Tao-te-king, Das Buch von Sinn und Leben, translatd and annotated by Richard Wilhelm, Eugen Diederichs, （Dusseldorf/Koln, 1957）.
15. E. Herrigel, Zen in the Art of Archery, （New York: Pantheon Books, Inc. 1953）, 12.

第四章

丹妮：消極、被動的十二歲女孩

　　丹妮今年十二歲，在媽媽的眼中，她是一個既害羞又壓抑的小孩，無論去到哪裡，都要媽媽作陪，她甚至不敢一個人在外婆家過夜。媽媽說丹妮不容易結交朋友，而且是一個非常寂寞的孩子。老師則抱怨這孩子沒有興趣參與各項學校活動；老師表示，丹妮的外表雖然高大強壯，卻給人消極、被動、軟弱的印象。老師覺得丹妮的程度不適合目前的課程要求，於是學校便提議將她調到程度較低的班級當中。丹妮的父母對這項措施感到很憂慮，所以把她帶到工作室來，讓我看看有什麼可以幫忙改善的。

　　雖然丹妮給人的印象是相當內向，但是打從一開始她似乎就和我相處得很自在。我建議丹妮的父母讓她接受短期治療，藉此機會讓她從壓抑被動的狀況中舒展開來。

　　在第一次治療中，我建議丹妮可以隨意把玩我所收藏的物件，她對此欣然同意。她說，她一開始就先「……讓母牛在牧場上吃青草。」（圖29）；在牧場前面，她放了一部由兩匹馬牽引的馬車，馬蹄深深陷在沙裡面。同時，她也在馬的正前方畫出一條街道，街道的方向直接通往一家位在對面的旅店。此外，在沙圖中，還可以看到有　個人往旅店的方向走，以及一張供人歇腳的長凳放在路樹下。

　　從沙圖中看來丹妮的人生馬車似乎陷入僵局。這兩匹馬陷在母牛吃草的牧場上舉步為艱，只能勉強向前。這個牧場與母牛似乎象

圖29　丹妮想要探求自己的內在資源，但是媽媽的過度控制阻礙了她的發展。

徵著「母親的區域」（motherlyarea）；位於左下角的旅店則和牧場及馬車遙遙相對，它是代表通往外在世界的道路：一個開放給旅人在長途勞頓後休憩之地。這表明丹妮的自我如果要能充分發展的話，必須還要走過一條漫長的道路，而這當中則被母親阻斷了她的方向。旅店裡面站了一個男性，代表丹妮和外界的關係；相對的，站在極右邊的媽媽，所體現的是內在家庭世界。

　　在第二次的治療中，丹妮表示她做了一個「令人難以忘懷」的惡夢，而其中的夢境內容是和蛇有關。對於這個夢，我認為當個案在夢中碰到驚恐的事物時，如果能再次經驗、體會或感受它們，通常可以降低它們的恐怖程度，因此我建議她把夢中的這些蛇畫出來。她立刻開始動手在紙上作畫，她很自信地用手畫出八條蛇，並且用水彩塗上華麗的顏色，四散在佈滿花朵的草地上。丹妮認為這幅畫給人留下相當歡愉的印象，唯一染上灰色的是一條自行盤捲的蛇蜥；我當時假設這條顏色灰暗的小蛇除了可能代表她的問題仍隱藏在無意識裡面，同時也可能象徵女孩未開發的女性特質（feminine aspect），它通常出現在青春期到成人期之間，特別是心靈層次將面臨較為深刻的轉化時。蛇皮的褪落則是象徵無意識裡的某種突破與更新，它的蛻變使生命的奧秘得以充滿活力。

　　我試著從孩子所意識到的理解層次來詮釋夢和圖畫。我問丹妮在學校修了幾個科目。答案是八科！她說，除了數學科外，其他科目都及格。丹妮恍然大悟的發現，在八條蛇當中，那條糾纏的灰蛇原來就是代表她最不喜歡的科目，而且因為學校的要求，她必須把大部分的注意力放在這科數學上面。有趣的是，透過上述的聯結，丹妮理解到原來是無意識中她對數學的抗拒與害怕，透過這個夢的解析，她的恐懼似乎就不再是如此難以掙脫了。

　　丹妮的第二幅沙圖（圖30），出現十字路口發生交通阻塞的畫面。車子從四面八方開過來，但是十字路口過於狹窄，使得車子擠成一團，無法通過。丹妮解釋說，只有位在十字路口右側的救護車可以開得過去。令人印象深刻的是，有許多車子從左邊沿著街道往南移動，街道兩旁植有樹木，這代表先前阻塞不通的無意識能量似

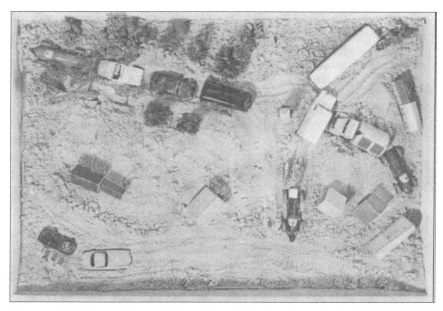

圖30　丹妮利用新的無意識能量，幫助她打開被堵塞的生命發展脈絡。

乎開始流動了;而位在左下角的加油站正支援著這股流動的新能量,在這裡,汽車駕駛人可以使用新能量來加油。這幅沙圖是一個充滿希望的指標,它暗示丹妮將會克服她的消極與被動;另一方面,在十字路口前往救援的救護車則代表「甦醒」的新能量,可以在治療過程中得到適當的導引和救贖。

第三幅沙圖(圖31)很清楚地展現,生命的能量已經開始流動了。一條寬闊的溪流橫跨大地,溪上的橋樑連結兩岸,讓車子可以通行。溪流的左岸是旅店,現在可以經由開車抵達,而非遙不可及了。丹妮從花園取來幾顆石頭,將它們置放在溪流之中。流動的水表明了她內在的抑制已經開始鬆動,而石頭則意味著還有一些殘留的障礙,必須加以克服。

這幅沙圖不禁使我想起中國古書《易經》對於「水」的描述:

圖31　丹妮本有的充沛能量沿著清徹、開放的渠道自由流動。現在,
　　　　她已經有能力自行面對,以及處理所遭逢到的障礙。

「習坎，重險也。水流而不盈，行險而不失其信。維心亨，乃以剛中
也。」

　　由於水的本質乃是柔弱中帶著堅韌而強勁的力量，這意味著丹
妮對未來似乎充滿了自信感。丹妮需要這種自信的力量，好讓她在
日常生活中的表現可以從原先的消極被動，轉變得越來越有活力。
相較於以往的害羞內向，現在她偶爾會和朋友碰面，並邀請他們到
家裡來玩。此外，她也在做手工藝術品的過程中找到自信與樂趣。
最重要的是，她很喜歡塗塗畫畫，而且突顯了她在這方面的天份。

　　丹妮在第四幅沙圖中形塑了一個馬戲團（圖32）。她把整個空
間劃分為六個方塊區域，分別是上、下兩橫排，左、中、右三直
排，而且每一領域都有表演在進行。在上排區域的部份：左邊有老
虎和獅子在表演把戲，只見老虎離開指揮台，但獅子卻一步步爬上

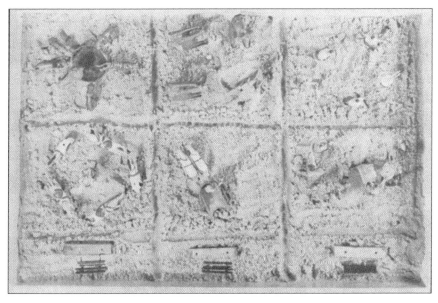

圖32　丹妮體驗到她自己真正的內在女性本質，大量的圓圈和方塊反
　　　映出本我（Self）已開始朝向深層的內在集中。

去；中間有馴獸師正在專心訓練四頭大象；右邊有五個芭蕾舞孃圍成一個圈圈。在下排區域：左邊有一群白馬將一個人圍在當中；中間有一輛古羅馬的兩輪戰車；右邊有小丑在表演雜耍。此外，每一直排區域的底端都配有長凳，供群眾觀賞使用。

在四方形區塊裡的各種象徵，全都代表環繞聖物而行（circum-ambulation），或是中心化（centering）。老虎和獅子一起出現時，老虎可被看成是獅子的女性陰影。老虎的拉丁文「tigris」中，其實具有女性特質的意義，它代表女性的陰影（Shadow）部分。身為萬物之王的獅子因為擁有金黃色的毛皮，因此常被比喻為和太陽有關，獅子的活力代表丹妮處於覺醒狀態的能量。在沙圖裡，代表陰影的老虎走下位居中央的指揮台，相反地，代表能量的獅子卻正要往上爬。因此我們可以假設，這表示丹妮的內在發展已經有所轉變。這種轉變將會導致能量的復甦，雖然這些能量到目前為止仍蟄伏在孩子心中。另外，大象也是力量與智慧的象徵，牠們緊鄰在隔區出現，這反映出丹妮的活力正不斷地成長。

丹妮真正的女性特質（femininity）表現在芭蕾舞孃的舞蹈裡。Water F. Otto曾說過：「舞蹈原本是深層情緒波濤的自然表達，在這種情況下，情緒表現的『因與果』得以合而為一。」[17]舞者化為他自己的本質，融入他自己的靈性本質中。在丹妮的沙圖裡的圓（circle）象徵完整神聖的靈性，而舞者的圈圈不僅代表她的女性特質，也代表和人類本有的內在靈性互相接觸。於是，透過這幅沙圖中的許多小物件，一名十二歲女孩呈現了某種內在的經驗，而這種經驗常常是言語難以形容的。

「馬」常常代表著具有絕佳本能的動物。由於背上載著騎士，所以牠們亦具有母性中承受與照顧的一面。就象徵的意義而言，白馬就像是來自天上的馬，和上帝很接近。因此，當丹妮在沙圖中呈現一群用後腿站立的白馬，保護著佇立在中心位置的人，可能是表

達她本身在無意識裡即具有自我救贖的宗教力量。這整幅沙圖都是在表達圓形移動（circular movement），例如羅馬的兩輪馬車讓我們聯想起馬戲團（circus）的原始意義，希臘字「kirkos」即是有圓環或圓圈（circle）之義。

　　另外，「小丑」必須擁有完備的表達訓練與藝術，在他的滑稽舉止背後隱藏著深厚的表演智慧，觀眾必須能夠詮釋和理解小丑所呈現的謎語。就這方面來看，「小丑」是指丹妮未來人格發展的可能樣貌，這種人格發展的趨勢通常是在內心平和與聚中（centering）的狀況下才有可能產生。而丹妮已經在她許多環繞中心點而行的圓形移動中（如馬戲團），充分地表達了此種成長的可能傾向。

　　丹妮的課業表現和校內活動的參與情況，也在本次治療和下次治療之間進步不少。以下這幅沙圖是她幾星期後的作品（圖33），

圖33　當丹妮具有更為一致而且整合的女性特質時，她的自我功能（ego）也會持續增強。具有引導作用的阿尼瑪斯（Animus）被活化了，她已經進入更深層的內在心靈。

沙圖內容證明，我們對其成長與發展的預測方向是正確的。

在這幅沙圖中，有五名婦女到村子裡的井邊汲水。這口井位在大屋簷之下，屋簷的角度比小森林還高聳，一名男子站在屋簷的左邊。此外，還有一條道路通往鄰近的村落，道路上面架著一座橋。相較於前一幅沙圖中，五位芭蕾舞孃帶著神秘的表情，而本幅沙圖中的五名婦女卻是在操持日常事務，兩者形成明顯對比。現在，渾然天成的女性氣質呈現了，她們轉化成可以為家庭提供撫育和照料的婦女。這種母性般的女性意象乃是屬於女孩轉變為女人的成長階段所特有。當丹妮開始進入這個發展期時，她的自我（ego）也會隨著增強。

現在，丹妮已經觸及她在第一幅沙圖中所預知的無意識根源。在水井的意象中，丹妮梳理了自己原本俱足的內在動力，雖然先前曾被隱匿無蹤，但現在已浮出表面。到井邊汲水的舉動就像臨溪捕魚一樣，那種向深處探索的象徵姿勢，顯示她已慢慢將深層無意識的內容逐漸揭露出來。

站在一旁的男性則代表女孩陽剛的面向（the masculine aspect），在丹妮的人格形成過程中，她現在正擔負著重要角色，因此丹妮女性特質中較為陽性傾向的阿尼瑪斯（Animus）也以整合的方式呈現。從過去許多不同的個案中，我不斷地觀察到，人格中的異性面向（the contra sexual aspect of the personality），例如女性中的陽性特質傾向，通常會在聚中的經驗之後被活化起來。唯有當人格中陽性與陰性面向確實整合之後，個體才能和外在世界形成更為適當的關係。

在這同時，我們發現丹妮原本在學校的困擾問題解決了，和她媽媽之間的關係也緩和了。她專心致力於她所擅長而且感興趣的繪畫，並且為學校製作一些很棒的海報，這一切代表她正慢慢地從原本退縮、失能的自我限制，走向更為充滿信心的外在世界。

　　在丹妮的最後一幅沙圖中（圖34），她證明自己已經準備好離開父母的保護。在飛機場上，聳立的飛機準備起飛，停泊的舟船蓄勢待發；一部郵件車，還有一列火車也開始啟動。上述的種種跡象均顯示，丹妮已經作好橫跨陸（準備啟動的汽車、火車）、海（停泊的舟船）、空（蓄勢待發的飛機）的全方位準備，她可以啟程去四處探險了。

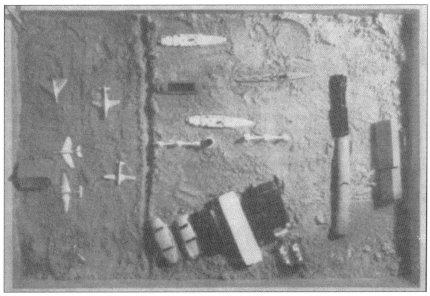

圖34　陸、海、空等全方位的準備已經就緒，丹妮已經可以到天涯海角去探險了。

參考書目

16. I Ching, Book of Changes, R. Wilhelm & C. F. Baynes, Trans.,（Princeton, NJ: Princeton University Press, 1971）, 115, Hexagram 29.
17. W. F. Otto, Menschengestalt und Tanz （Munich: Hermann Rinn, 1956）.

第五章

布萊爾：患有遺尿症的十二歲男孩

　　尿床的症狀通常很難治癒，尤其當孩子年紀比較大而且被期望要擺脫這個習慣時，更是難上加難。因此，當一位母親打電話問我是否可以在八天假期內，幫助她十二歲的孩子克服這個問題時，你可以想像我心裡有多猶豫。我最後還是依循她的緊急請求，並同意她把孩子帶來我工作室諮商，我希望我們彼此可以同心協力，在有限的時間內一起為孩子找出病源所在。在這幾天內，孩子會住在離我的工作室很近的親戚家。

　　第一次見面時，我發現布萊爾是一個非常聰明的國小六年級學生。母親在家中相當權威，只要她在場，布萊爾便會有些壓抑。相形之下，父親就顯得比較放任、寬容。不過，當我們一塊走入遊戲室後，布萊爾便立刻輕鬆起來。

　　由於我希望儘快診斷布萊爾的病情，並儘可能對其癥狀做癒後的評估，所以我立即邀請他運用我蒐集的物件在沙箱上自由擺設（在此言明，我的治療程序通常不是如此倉促）。雖然他有些懷疑這種方法是否能幫他去除這個令人不悅的習慣，但他還是欣然地接受我的建議。當看到這些小物件時，他就告訴我說，尿床讓他覺得非常痛苦，他已經找過好幾位醫師諮詢，可是依舊找不到任何療癒之道。他還說，為了避免睡覺時尿床，他總是很害怕自己真的睡著。他甚至嘗試過某種很複雜的運作機制，好讓自己可以即時醒來，但是這個方法也不管用。當布萊爾把他的困境向我坦白相告後，我為

他感到很難過，他顯然吃了不少苦頭。之後，他又搖了搖頭，不知道沙遊可以怎麼幫助他。我解釋道，也許我可以從沙圖中發現他問題的根源所在。我跟他說，這種知識是根據我長期以來的研究所得，而且，如果我可以發現他的病因，或許我就能夠幫助他。接著，我又進一步解釋道，我們每一個人對於自己都還有許多未知的地方；有時這些未知之處是可以幫助我們的「好想法」（good idea），有時它們是造成我們困擾的「壞想法」（bad idea）。我向布萊爾說明，當他在玩沙時，這些想法很有可能就會浮現出來，我希望能夠透過它們尋找出是否和尿床有關的訊息。

布萊爾對這一切感到很詫異，並且用猶疑的眼光看著我，然後開始挑選一些物件。他先用手在沙上面畫一個橢圓形，接著把一些士兵和十字軍戰士放在裡面（圖35）。布萊爾解釋說，他們正在互相打鬥，之後他用一個高高的藩籬將他們區隔開來；此外，他們也正在遭受圈外其他士兵的槍擊！有一個受傷的男子被擔架送走。除

圖35　布萊爾尋求內在的安定，以平息其內在的衝突。塘鵝的出現即
　　　暗指，要維繫母子之間安全的依附關係是極有可能的。

了作戰之外，還有幾個英國人站在附近。布萊爾說，他們會帶來和平。同時，他也在靠近沙箱上邊的中間點上放一隻塘鵝。

　　從這幅沙圖中，我可以很輕易地辨識出布萊爾內在那股互相對立、爭鬥的能量。就如同舉槍攻擊的士兵般，它們會製造不安全感，因此他會感受到來自外界的威脅。他甚至把自己描繪成受傷的士兵，因為身受重傷，所以必須放棄戰鬥。不過，這種情況並非全然無望，布萊爾說英國人將會取得和平，雖然他無法告訴我為什麼只有英國人才能帶來和平。他只是簡單地說，他非常喜歡他們。

　　我則是利用一般所理解的英國人特徵來解讀這件事。幾世紀以來，島國的地理位置和社會環境的穩定已經塑造了英國人的民族性。英國人看起來自信而平穩，全世界都很熟悉英國的「紳士」與「公平競爭」民族特徵。英國教育相當重視品格發展，而上述兩項特性又是當中被極為強調的項目。我們可以從這些聯想中發現，布萊爾很渴望內在的穩定。

　　同時，我也很好奇，那隻正在監視整起事件的塘鵝究竟代表什麼意義？根據古老的傳說，塘鵝是母愛的象徵，牠會撕開自己的胸脯，用自己的鮮血哺育幼鳥。我懷疑這是否暗指：布萊爾在無意識裡希望在母子融合的保護下，恢復自己內在的平靜。我推測，布萊爾的第一幅沙圖，暗示他的尿床應該是和母親的互動有關。

　　布萊爾的媽媽告訴我，她獨自負責撫育四個兒子。她必須承擔起訓練和管教他們嚴守紀律的責任，因為孩子的父親完全沉浸在自己的專業裡，根本不管家務事。她還說，當父親偶爾有機會與孩子相處時，也只會寵溺他們。

　　第二天，布萊爾完成了另一幅沙圖（圖36），而透過這幅沙圖更令人洞悉他的問題所在。他在沙圖中呈現一個馬戲表演，裡面有一名馴獸師和四隻溫馴的老虎；布萊爾在中央放了一個具有四支托架的燈，這對馬戲表演場來說是一種非常罕見的東西。表演場的四

圖36　位居中央的明燈，很清楚地照亮了布萊爾原本被壓抑的本能，
　　　越來越多早已俱足的自發力量，正準備從無意識浮現出來。

周都是觀眾，左邊還有等待上場表演的藝人、小丑，與馬車。這幅
沙圖讓我清楚地意識到，在布萊爾的經驗裡，媽媽的教誨就如同
「馴獸」一般，雖然她用很多的心力來承擔父親的工作，但是布萊
爾卻渴望從過度盡責的媽媽身上，得到嚴格管教之外的溫暖。

　　當我理解布萊爾目前的處境後，便完全放手讓他自由發揮。我
只是跟隨他的步伐，而不再告訴他應該如何做才對。他很快地就開
始覺得和我相處很自在，並且想要把玩其他素材。由於聖誕節快到
了，因此布萊爾想利用這個機會做一些聖誕禮物。他先用黏土成功
地捏了一個漂亮的碗，當他在上面塗顏色時，變得相當開心與活
躍。我很高興在他身上看到這種宣洩與解脫。布萊爾在兩幅沙圖中
很自發地將他問題的訊息傳達給我，這代表他的內心已經開始得到
某種程度的釋放了。

　　接下來，布萊爾連續做了兩個早上的手工藝術作品。之後，他

又製作了一幅和以往風格迥異的沙圖（圖37）。他非常細心地築了一條穩固而紮實的道路，而且還挖了地下道。這項工程做起來相當不容易，它需要很精細的木作構造，才能將上面的沙堆支撐起來。這條道路建造得相當好，大量車流在路的兩方移動。他在寬廣的路中央畫了一條顯眼的斑紋，藉以用來調節車流。通往地下道的街頭也擠滿了車輛，並且有警察在指揮交通。於是，我們可以在這幅沙圖裡面看到，原本出現在布萊爾第一幅畫中，那些敵對與衝突的能量，現在已經得到很好的安排與流動，並且也不再具有攻擊性。

　　此外，第一幅沙圖中的塘鵝現在已經被一名護士取代，護士的位置被移到沙盤下邊的中間點上。我從這裡知道，布萊爾覺得他被我完全接納了。這種替代性的母親認同，對他啟動了深遠的療癒力量。在完全被接納的經驗中，布萊爾得以感受彷彿來自慈母般的安全與保護。

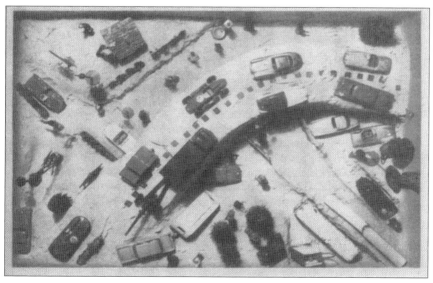

圖37　許多療癒的力量進入沙盤的顯著位置。由此可知，布萊爾自身能量的流動已經更顯得井然有序了。

　　隔天，布萊爾繼續把玩著手工製作材料。當他忙著替弟弟造一架小飛機時，突然開口對我說，「妳真的比醫生還懂呢！」

　　「你說這話的意思是？」我問道。

　　「我已經兩個晚上沒尿床了。」他回答道。

　　我為他感到很高興，心中默默地希望他可以不要再尿床了。他現在已經完全相信，沙遊可能和醫生開的藥方一樣有用。因為看到這幾天以來的治療似乎有些效果，所以我和布萊爾談到，可不可能請老師讓他把停留的期間延長一點。他很喜歡這個主意，因此我們將他的八天假期延長了，布萊爾還是每天來製作他要送給家人的聖誕禮物。我們從來沒有討論他尿床的事，但是有一天他搖著頭不斷重覆說，「妳真的比醫生還懂！」

　　往後這幾天，他的床依然是乾的。此外，他也談到他的兄弟和父母，我可以感覺他對他們充滿感情。他甚至覺得自己已經具備足夠的信心與安全感，因此希望在新年後可以和朋友進行一趟滑雪之旅。這將會是一樁很棒的計畫，因為他過去一直為尿床的習慣所困，只能待在家裡面哪都不能去。

　　由於布萊爾不能離校超過兩週，因此在最後一天，我邀請他製作另一幅沙圖（圖38）。他又完成了一個馬戲表演場，這一次的主角是站在場地中央的英國人。現在英國人代表他自己內心的平靜與穩定。我幾乎不敢相信自己眼前所見到的一切，布萊爾在短短的期間內顯然發生了轉變。不過，我也擔心，我們之間的親密關係就這樣突然中斷，可能會導致他後續的退步。幸好，當布萊爾向我道別時，他悄悄地在我耳邊低聲說道，「妳真的比醫生還懂的多呢！」

　　有好一陣子，布萊爾每星期都會打電話給我。後來，我們之間的連繫時距慢慢越拉越長，終至完全停止。

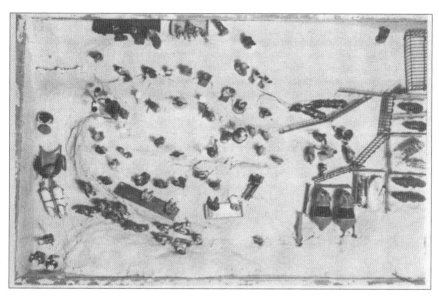

圖38　在第一幅沙圖中出現的英國人回來實現他們對和平的承諾。他
　　　們現在立於場內的中央位置，這種深層的內在寧靜取代了布萊
　　　爾先前無力與失能的處境。

第六章

詹姆斯：早年受創的十六歲男孩

　　以詹姆斯十六歲的年紀來說，他的身高算是特別突出，肩膀看起來就像個成年男子一般的寬闊，他的舉止也比較像是個成年人，而不像是個孩子。他香菸抽個不停，聊著輕鬆的話題；其座右銘是：「朋友越多越好，人才不會寂寞。」

　　在家中五位小孩裡，詹姆斯排行老二。他們全家從美國搬到歐洲定居約一年了，所有的孩子都進入德語學校就讀，以便接觸不同國家的文化和人民。在美國時詹姆斯就有學習障礙和注意力不集中的問題了，事實上，對於高中課業的要求，他幾乎快要應付不來了。不難預料，他在這個課業繁重的外國學校中，一定過不了關的；最重要的是，連他的英文程度也跟不上同年齡者的水準，他要是想進入大學就讀，恐怕機會十分渺茫。詹姆斯的父母親極為擔憂他，便要求在他們待在歐洲的初期階段，讓詹姆斯和我一起生活。

　　讓詹姆斯無法安定的因素很快就顯明出來了，他無法忍受孤單，無法自己找事情來打發時間，他過的是極為外傾（extroverted）的生活，每天幾乎不是外出看電影，就是和朋友在咖啡館見面。「待在家裡」──對他不啻是種酷刑，然而我立即發現了，他的外傾狀態卻非真實。在他言談間的手勢透露出一股無助，即便他是如此的靈活，但是他的步伐卻相當沈重，走路時他的腳幾乎是黏在地板上，好像要在地上找到自己的立足之處似的。我不禁想，是什麼因素，讓詹姆斯躲藏在他看似成人樣的外貌下呢？

　　詹姆斯在我們治療的初期做了一幅沙圖（圖39），一幅鄉間的風光，農場上有鵝、雞、一頭母豬和小豬。一位農夫正在剛犁好的農地上播種；在畜欄裡有兩匹馬，顏色一深一淺；樹上開滿了花，一群母牛吃著草；一條小河橫跨沙盤，流入在左下角的位置的湖中。整幅沙圖呈現出十分安寧的畫面，我在想不知道這是否表達著，這個男孩心中渴望著和大自然親近呢？

　　在同時有兩件事情讓我震驚，當一群母牛在花開滿枝的樹下吃著草時，卻有兩隻烏鴉立在一棵枯樹上。在許多古文化中，像是美索布達米亞、埃及、中國和今日的印度，母牛象徵著滋養豐潤的母親。在這幅沙圖中，正在吃草的母牛可視為母性（motherliness）的代表；而在詹姆斯沙圖中，一棵枯樹立在吃著草的母牛群裡，我傾向這樣推想──在詹姆斯的母-子關係中，勢必是出了問題。後來我問詹姆斯的母親，在他初生的頭一年中是否患過什麼重病，因而

圖39　詹姆斯因為早年在母子關係中受創，而導致其本能受困無法運作。

影響了他後續的發展？她憶及詹姆斯在九個月大時患了支氣管炎，需要接受吸入劑的治療，但是因為握吸入器時不慎，嬰兒床竟然著火了。幸而小嬰孩並未受到火災嚴重的波及，僅在其前額留下一道燒傷的疤痕。在這麼幼小的年紀，小孩子依舊無意識地活在母-子連結中，但像這樣創傷極可能在這份關係中造成不安。我推論道，詹姆斯被這件事嚇到了；我也在想，有沒有可能這一場火災對詹姆斯早年的安全感威脅太大了，使得他無法健康地成長。我得要找到更多的線索，才能確切地做出這樣的結論。

> 我在想，有沒有可能這一場火災對詹姆斯早年的安全感威脅太大了，使得他無法健康地成長。

沙圖中的兩匹馬被關在封閉的柵欄裡，既沒出口也沒有大門。馬匹的象徵意義十分多重，也可以由不同的角度來看待。「馬」象徵著本能的領域，從這個角度來看，它和騎馬者之間的關係極為緊密，而在童話故事中，馬兒都會帶領著迷途的王子返家；馬兒通常被視為具有千里眼與順風耳，這樣的能力使它能引領迷路的靈魂，或稱為亡靈的指引者。深色的馬匹和希臘神話中的海神波賽頓（Poseidon）有關，在神話中，波賽頓以他的三叉戟翻攪大海。佩格索斯（Pegasus）則是希臘神話中的飛馬，它的馬蹄踏出了西普克林（Hippocrene）泉水（譯註：據說若是詩人飲了此水，其靈感將會源源不絕且才華出眾。），因此，我們認為它具有將無意識之水帶入光明的能力。馬又象徵著心靈的能量，因為它的步伐又急又快，一般以「馬力」（horse power）形容之。

白馬的象徵和光明及太陽有關，在希臘神話中，太陽神希里阿斯（Helios）所乘駕的馬車就是由白馬所拉著；在東方，就是由白馬載著唐三藏與佛經到達印度，當唐三藏回到中國後，有人蓋了一

座寺廟供奉這匹白馬；在基督教的傳統中也有白馬存在著。在聖經
啟示錄經文第十九章第十一節中，說到基督再臨的時候，將騎著白
馬，和來自地底下黑暗世界的兩大邪獸戰鬥。

> 在他的沙圖中，這兩匹一深一淺的馬兒完全地和農場上其他
> 動物隔離開來，由此我們可以顯見，因為失去了本能而使得他片
> 面地（one-sided）發展。

　　在他的沙圖中，這兩匹一深一淺的馬兒完全地和農場上其他動
物隔離開來，由此我們可以顯見，因為失去了本能而使得他片面地
（one-sided）發展，在這種情形下他無法就學。讓他能熟悉德語是
相當重要的，所以聘請了一位學生來當他的家教。對我來說，能夠
讓他和自己的本能相連是最重要的事，既然他喜歡動物，我幫他詢
問了在動物園當志工的工作，我們也很幸運，正好有這樣的職缺
呢。詹姆斯剛滿十六歲的法定年齡，也保了所需的保險。

　　他每週到動物園約有兩、三個半天下午的時間，專責清掃猴
園，做了這份工作以後，他開始觀察起動物來。這份工作對他來說
相當好玩，漸漸地動物們也認得他了，開始會想辦法吸引詹姆斯陪
它們玩，其中有一隻相當喜歡詹姆斯，對他特別有感情呢。

　　我從詹姆斯的作業本中了解他的學習近況，支離破碎的書頁讓
我覺得這個男孩上課上得很無聊，他在書頁的邊緣畫滿了塗鴉。在
最後一頁的空白頁上，我發現詹姆斯畫了一小幅耶穌在十字架上的
圖畫，然而這位男性人物並沒有陰莖。詹姆斯其實將他自己的狀況
表達得再明白不過了，因為他的陽性特質未能發展，他視自己是被
釘上十字架了！詹姆斯好像很黏他的媽媽，他是媽媽的心肝寶貝，
應該這樣說吧，他因為過度專注在母親身上，以致於自己的存在未
能發展。

> 　壓抑本能所導致的退化，總會回到其心靈的過去，而結果會回到童年時期具決定性的因素，有些時候，這些因素就是父母親本身。

　　詹姆斯所做的一個夢應證了我的想法，在夢中通往他家左邊小路排滿了鱷魚。鱷魚具有威脅性、攻擊性甚至是吞噬性的層面，因為它們既住在水中也生活在陸地上，代表著在無意識與意識之間的聯繫。在榮格所著《轉化的象徵》（Symbols of Transformation）一書中，他提到此類獸形象徵一定和無意識原慾（libido）的顯現有關。榮格說，凡是以野獸樣貌出現的象徵，若不是和無意識有關，就是和本能的壓抑有關。提到本能，榮格說：「它們是生命的基礎，生命運作的法則；壓抑本能所導致的退化，總會回到其心靈的過去，而結果會回到童年時期具決定性的因素，有些時候，這些因素就是父母親本身。」[18]

　　詹姆斯處於一個被鱷魚攻擊並吞噬的危機之中，若要能應付它們，他勢必要和自己的本能接觸。我希望他在動物園中和動物們的關係，特別是那些和他成為朋友的大猩猩們，能夠將他無意識中依舊沈睡的能量喚醒。唯有當他熟悉這些能量，才能在危急時將其派上用場。

　　現在是他首度和他那過度外傾的母親分離，過去母親控制著他所有的舉止，所以要讓詹姆斯自己做決定是件恐怖至極的難事。雖然如此，但是他在我們家還是很快地就覺得很快樂，也配合我們的生活習慣。我不斷強化他要信任自己的看法，以培養出他的真實自我感。每天的家教課程對他幫助很大，他已經可以說些德語會話了，不過他不能、也不想寫作，即便是英文的也不願意，因為這是件特別需要費工夫的事情，況且他的寫作又是其差無比。只有在我

要求他寫下夢境或是一些體驗時，他才心不甘情不願地做這件事。
但後來他明顯地沈靜下來了，開始顯露出對自己母語的興趣。

　　兩個月以後的某天，詹姆斯返家時宣布：「我告訴動物園管理
員我以後不去工作了」，雖然我對他自己做出這樣的決定蠻驚訝的，
但是我尊重他的想法。當我問他想做什麼時，他答道：「我想去上
學！」這讓我更驚喜了。我們立刻討論了選校的問題，因為仍需要
考慮到他的德語能力。過了幾天，他先到一所私立中學旁聽，同時
更加強德語課程。在此期間他所做的沙圖（圖40）指出他無可預料
的改變。

　　左下角是一個村莊，一條又大又寬的路從村莊通往上方處，有
一個女孩趕著鴨子回家，一個牧羊人正要將小羊帶離山谷，回到羊
圈；吃著草的綿羊，一匹馬和一頭牛正向著村子走去。現在是傍晚
時分，在通往村中的路上有東西移動著，是一男一女和一頭驢走

圖40　當詹姆斯準備在母親原型的保護照顧下重生時，也正預備著一
　　　場深入的內省。

著。我問詹姆斯，這些人是否有任何意義？他說他們是馬利亞和約瑟正在要去村莊的路上，因為馬利亞就快要生小孩了。

　　這句話深深地感動著我，我在想，有沒有可能，過去詹姆斯一直想著要逃避面對自己，但是現在他已經走在發現自我的路上了！我也在想，即將誕生的嬰孩，可能就是他內在新生的狀況；我不知道是否是詹姆斯本人會獲得重生呢？從他談到朋友以及動物園中動物的樣子，我看到一些線索；我也看見他和我建立起健康的關係，這些觀察再加上他所作的沙圖，無疑地我認為他就快要在其無意識聚中（centering）了，就像在小孩心中那般地發生。

　　即便基督的誕生是一歷史事件，但他也是一個原型角色，榮格說：

> 「作為真道，天父之子，榮耀之王，世界的審判者，救贖者與救主，基督本身就是神，具有包涵一切的全體性，就像神性的定義，在圓形曼陀羅的圖像中表達出來了……；身為牧者，他是群羊的領袖和重心……；在其人性的顯現中，他是英雄也是神人，但生來無原罪，比其他人類更完全也更完美。人類和他相比，就像是孩童和成人之比，也像是動物（羊隻）和人類之比。」[19]

　　在這幅沙圖中，詹姆斯表達出其內在的宗教性，根據他的家庭傳統，是具有基督教色彩的，雖然在他的家庭中並未刻意培育宗教的事情。

　　詹姆斯正要向母親原型降服，在本圖中該原型就是馬利亞，神的母親，即將臨盆了；牧羊人也趕在天黑之前，將羊群們帶回安全之處。在即將發生重大事件前的寧靜之夜，以及為夜晚所作的準備，這些都是產生重大內省的跡象，這就是詹姆斯準備好要踏入無

意識更深領域之際。

　　為了要增進詹姆斯的英文技能，他開始每天要寫一篇英文作業，不論是日記或是故事都行，由他自己決定。過了一段時間以後，他寫了一篇故事，是關於一位名為托爾的年輕人，僅帶著一把小刀做為武器，就離開家鄉進到森林裡。我在此將他故事中的主要部分一字不漏地轉載下來：

托爾的旅程

　　托爾停了一會兒，觀看日頭逐漸爬上樹梢，臉上掛著一抹淺笑，拎著一把刀子，邁著輕快的步伐下山去。快要到谷底時，他彎進左邊的小路裡，他比較喜歡走有樹蔭的路，不想走在空曠的平原上。他走的很快，希望能快一點看見小溪，因為覺得口渴了。走了半哩路以後他突然停下腳步，換了個方向，慢慢地走著，走了沒多遠又再度停了下來，皺了一下眉頭，他又再度上路，走的更快一些。走了幾碼遠以後他突然停住腳，這一次絕對沒錯！竟然有男人的聲音！頃刻間空氣中瀰漫著一股他們的濁氣，他立刻跳進一旁的林間，攀著樹枝爬高一些以保安全。很快就看見人類的蹤影了，他們成一列隊前進，邁過托爾躲藏的樹林，然後消失身影。一等他們走遠，托爾從樹上跳下來，朝著和他們相反的方向飛奔，一直跑到完全擺脫人類的氣味和聲音才停下來。放慢腳步，他再度轉了方向，以和那些男士並行的方向前進，他一直保持穩定的步伐走著，半個上午過去了，然後來到小溪旁，他並未久留，一喝足了水就繼續上路。

　　他一上午都保持的平和的心情走著，除了偶而停下來喝喝水。中午時分他感覺到非常飢餓了，便拐到左邊出去

踏上了一片大草原，他在高高的草叢裡站了一會兒，一方
面是要適應刺目的日光，另一方面也在找尋食物。一會
兒，他瞥見一頭小瞪羚離其他的瞪羚略遠，風向很幫忙，
差不多刀子一射就可以射中這頭瞪羚。他幾乎是一射出刀
子就同時邁著步子追向它，等他到達時瞪羚還在做垂死的
掙扎，他毫不遲疑地將其脖子扭斷。小心翼翼地切下一塊
肉吃了起來，在吃了所需的份量不再飢餓以後，他躺在草
地上睡覺，不過在他入睡前，他的思緒，如同往常一般，
還是想著家。

二十天以後：

　　睡著以後托爾做起夢來，他走在小路上到了洞穴前
面，看見他的太太坐在洞口，正在和七歲大的兒子魯克玩
著。在到達山頂時他向四處望了望，樹木剛發綠芽，空氣
中瀰漫著初開花朵的香甜氣味。他可以看見在山谷間有一
群龐大的動物走動著，在矮樹叢間留下痕跡。這是方圓五
十里之內最佳的狩獵場了，有瞪羚、熊、長毛象以及各種
鳥類，果實和水源也很近，目睹這一切，他的胸口不禁油
然升起一股驕傲之感，這是他的家，他生存的意志以及他
的人生！他一切所需與所要的都在此！他轉過身呼喚著妻
子和小孩，他們尚不知他在這裡呢。魯克先跑了過來，將
他的雙臂環繞在父親的脖子上；他的妻子隨後來到，眼睛
裡含著淚水。

　　托爾逐漸地甦醒了過來，彷彿仍依稀聽見妻子和小孩
歡慶他返家的聲音，他有些勉強地繼續踏上他的路程。

十四天以後：

　　托爾帶著相當平和的心情完成下午的路程，當黑暗逐漸籠罩大地，他開始找尋可以讓他過夜睡覺的樹木，辛苦地找了好一會兒，他找到一棵又老又粗壯的樹，便爬到上面睡覺去。他盡可能地爬到最高，然後躺在粗壯的樹枝上，在等著睡意來襲時，他一邊辨認著夜晚的各種聲音：翼手龍四處飛行找尋食物時發出又大又尖銳的聲音、附近的暴龍睡著時的呼嚕聲、還有其他小型動在在夜間追捕食物時所發出的各種聲音和呼嚕聲。

　　他回想起自己過去這幾週以來花費在找尋凱滋這匹馬的時間，初次見到它是在兩週前，在山洞附近看見的，自此便不斷地追隨著它，但是當它翻過山頭以後就消失蹤跡，他不得不掉頭返家，他的妻子和小孩還在家中耐心地等著他。

　　很快地他的思緒絞成一團，他睡著了。

七天以後：

　　一早醒來，托爾爬出睡覺的樹林間，站在陽光中聆聽著樹梢間鳥兒的歌聲，夜晚的聲音和清晨的聲音真的相去甚遠啊！早晨充滿著新的一天的樂觀，而夜晚卻滿是掙扎與勞苦。他被早晨的氣息感染得有一股想要向世界大聲呼喊的衝動，不過他沒這麼做，反而是瘋狂地在樹叢間奔跑，完全不知道自己正往哪兒跑去。突然間他跑到一個小湖邊，跳了進去，享受了一會水中的樂趣，然後坐在湖邊晾乾。不一會兒，他看見水中浮出一顆大大的頭，連著一個像蛇身的頸子，它大大的吸了一口氣，發出響亮的絲絲聲，然後沈到水裡。待他回過神來，托爾開始找吃食，他慢慢地爬到水裡，彎腰站立著，看著湖水好一會兒，直到

看見他想要的魚，便以迅雷不及掩耳的速度潛入水中捕捉，不過這條魚速度更快，他試了三回仍舊徒勞無功。

在第四回時，他終於捉到一條大小適中的魚，立即砸向一旁的樹，並在石頭上摩擦去除鱗片，再將魚骨剔除，然後不疾不徐地三口吃完它。他把嘴巴洗一洗，拎起了他的刀子再次上路。這個早晨真是棒透了！當他在高聳的樹林間飛奔時，覺得自己真像個小矮人，樹梢深入雲間不見頂，較低的枝幹上佈滿厚重的青苔，他覺得自己好像走進了巨人國裡。

當托爾在林間穿梭奔跑時，其他的動物在一旁活動著，有一頭巨大的雷龍在吃草，旁邊有一頭小鹿從樹叢中跳出來，有一隻狼狀的動物正在追它；翼手龍在頭頂上飛著，搜尋小動物；一頭老虎高站在岩石上吼叫，像是在對世界宣告其蔑視；他聽見遠處傳來哀鳴聲，是一頭不知名的小動物在獵捕者爪下所發出的死前呼求。

這一切都不是在托爾的意識中所注意到的，反而是不知不覺地穿透他；當他聽見大型動物的聲音時，他就依聲音的來源而改變自己的前進方向，不過這種做法不見得每次都管用，有一次他就不小心闖入有一隻暴龍的樹叢裡，幸而沒有成為其利齒下的亡魂。

當他繼續前進，他的思緒不斷地翻騰，絞盡腦汁想著要如何抓到那匹馬，他知道當他再次見到那匹馬時，機會只有一次！因為如果他失敗了，而且一不小心傷了那匹馬，就再也不可能抓到它了。突然間他的思緒中斷，不知是被什麼給打斷了，但就是不對勁。他停了一會兒，那匹馬竟然就在眼前，在晨曦的光輝中閃閃發亮。它就在前面二十尺之處，但是托爾知道，馬兒還沒發現他的存在呢。

那匹馬慢慢地走近了，當它進到十尺內的距離時，托爾想要快點找到能捕捉到它的方法，像是陷阱之類的東西，但是此刻已沒時間做了。

好一會兒他都不知該怎麼辦，然後想起先前的旅程，想起有一個小山谷或許可以當作陷阱。不過現在最大的問題是，要怎麼把這匹馬引到那裡去？或許在它的後面追趕，讓馬兒聞到托爾的氣味，或許反而能讓受驚的馬兒朝向正確的方向前進，不過托爾不想嚇它，因為它可能飛奔地竄入山林裡。

托爾以再也不能慢的速度，在馬的身後爬行著，謹慎地不要踩到任何枝子，終於爬到馬兒的後面了，小心翼翼地向著它前進。一開始馬兒沒有注意到，不過當他再前進些，馬兒停下吃草的動作，當托爾再前進些，馬兒就離遠一些，這個過程大約有三個小時之久，終於托爾看見山谷的入口了，但他開始擔心馬兒不會進去。當托爾再向馬兒前進時，令他意外的，馬兒好像沒有懼於被困之感，反而很快地踏著石塊小路進入山谷。當馬兒一進去，托爾開始在入口處堆疊樹枝，馬兒是他的了！

現在托爾擁有這匹馬了，但是他還要想法子馴服它才行，托爾知道，因為他讓這匹馬失去了自由，現在它是不會信任托爾的，所以要馴服這匹馬，首先要讓它知道，托爾想和它做朋友。每天早晨托爾都會帶著一些好吃的過來，希望在雙方之間能建立起信任感，不過一開始凱茲都會嚇得躲得遠遠的，但漸漸地，托爾可以在馬兒吃著他手中的食物時，還一邊撫摸他；幾天以後，當托爾吹著口哨時，凱茲就會急奔過來。

再過了幾天，托爾決定該採取下一個步驟了，就是進

到裡面和馬兒相處。一大清早托爾穿過入口的障礙，站在馬兒身旁，凱茲看著他好一會兒，望著這位新朋友，然後踱到另一頭去了。托爾手中拿著新鮮的水果向他走去，一邊以輕柔的聲音說話，馬兒站了一會兒，好像不知道是該離開還是開留下呢。終於它決定待著不動，然後願意讓托爾撫觸它的頸子。之後的每一天托爾都進到馬圈裡和凱茲相處，但沒想要爬上它的背，因為這此舉會壞了先前好不容易建立起來的信任感。

　　過了幾週，托爾知道他遲早得要試試騎到馬兒背上。他挑了一個春日的早晨，比往常更早一些進到馬圈裡，等他一靠近凱茲，馬兒立即察覺到狀況和往常不同。托爾一邊和馬兒說話，一邊爬到它的背上，慢慢地他坐到馬兒上了，凱茲到目前為止動也沒動，但是當他感覺到托爾在它背上的重量時，它直立起來要將托爾甩掉，托爾就重重的摔在地上。他慢慢的站起來，向馬兒走去，但此時它逃到馬圈遠遠的角落去。托爾還是溫柔地對它說話，再次上它的背，又再次地被摔了下來。他一點也沒氣餒，試了一次又一次，每試一次，這匹馬兒的反抗就少一些，最後托爾能騎在它的背上，在馬圈裡踱步走著而沒被摔下來。馬兒被馴服了！托爾跳下來，移開馬圈出口的障礙物讓凱茲出去，當他吹口哨時馬兒就會回來。

　　這是馬兒和這男人之間一份長遠又真誠友誼的開始，這份友誼維持了好幾世代！

在托爾的故事中，詹姆斯描述了自己發現內在自我的方式，他離開外在世界，進入大草原和原始森林，也就是說，進入其無意識的最深處。他仔細地描寫自己如何避開人群，他想要獨自一人就

好，他也必須如此。過去不知道其內在的能量是如何地沈睡，詹姆斯對外在世界的外傾態度已經夠久了。一步步地，他描述著如何接近他的動物本能層面，以大草原上的動物以及原始森林作為象徵，一開始他避開它們，但被飢餓所驅使，他後來得學著該如何處理這些動物。他獵了一頭野生動物，是一匹瞪羚，於是大吃特吃地解除了飢餓之感。在神話中，瞪羚代表了靈魂的圖像，它相當害羞也難以捕捉，常在猛獸的獵捕下脫身。他故事中的此一部份讓我看見，他是多麼地驚懼於強大又具侵略性的本能啊！

　　一直吃到自己的飢餓感都消止了，他整合了自己具威脅又原始的自我，這樣一來，他才能護衛自己不至淪為命喪猛獸齒下的獵物。

　　經過在樹林間的一夜好眠後，隔天他到了一座湖邊，費了一翻工夫要抓魚。為了保護自己免於受到早年環境中不良因素的影響，他必須從無意識之水中，釣出潛藏其中的東西。在他的沙圖中即將誕生的基督，早已指出詹姆斯即將重生，榮格《轉化的象徵》一書中說道：「魚在夢境中有時象徵著未誕生的嬰孩，因為嬰孩在未出世前，就像條魚生長在水中……」[20]

　　托爾捕捉一條魚並將它吃了，這對詹姆斯的發展意義非凡，因為據故事所說，它是從無意識的深處被捕捉到的，詹姆斯從魚所富含的無意識內容獲得滋養；魚同時也是生育力的象徵，因為魚的卵極多。我在想，詹姆斯是不是有什麼深藏的寶藏未自知呢？

　　詹姆斯無意識地想要從自己的狀況中獲得釋放，從他的無意識深處中開始浮現出方法了，事實上，看來像是本我（Self）開始出現了，通常本我會在早年出現。

　　當他捕捉到魚、也吃完了牠以後，他發現高聳的樹林讓人覺得非常渺小，這部分讓我想起日本的禪師鈴木大拙（Suzuki），他說：「西方人想要戰勝大自然，東方人覺得自己是自然界中渺小的一

份子」。

只有此時詹姆斯才是真正的貼近大地，動物在叢林間匍匐爬行，當他享受在大自然美妙清晨之喜悅中，突然想起自己打算要捕捉的馬匹，說遲時那時快，「馬兒在出現在他眼前，在晨曦中閃耀著光芒……」

詹姆斯從他的本能中所獲得的安全感，讓他能夠謹慎地捕捉到這匹馬，而且有足夠的耐性馴服牠。我深受這些字句感動：「這是馬兒和這男人之間一份長遠又真誠友誼的開始」，詹姆斯在這些字句中重生了，且和他的本能領域相通了。

詹姆斯瞭解其無意識中完全片面的態度使得他走偏了路，知道唯有透過其本能，才能真正發展其個別性（individuality）。

在此時期他告訴我下述的夢境：

「我好像和我的父母親在一起，尋找復活節的蛋，可是奇怪的是，蛋沒找著卻找到了禮物。我對我妹妹很好，這和平常的我是相反的；她收到一匹馬和蓬車做禮物，想要四處去轉轉，可是我問她能不能讓我駕馬車，她答應了。所以我就駕著馬車，載我妹妹四處走走。」

復活節傳統中最重要的一環就是蛋的禮物，蛋是生育力的象徵，詹姆斯所作的這個夢，無疑地正是他向著其發展中更為豐碩的階段前進。在他的夢中出現父母親，但是他們沒有參與活動，是由詹姆斯自己駕著他妹妹的馬車；當妹妹這較年輕的阿尼瑪（anima）原型獲得了新的重要性，母親阿尼瑪已經喪失了其力量，妹妹現在成為新生命的源頭。榮格在《心理學與煉金術》（Psychology and Alchemy）書中對此種轉換做了評述：「這是相當正常的生命歷程，但是其發生卻是無意識的，阿尼瑪是必然存在的原型……母親通常是

阿尼瑪意象的第一個載具,這使母親在兒子的眼中具有無比迷人的特質,然後它經由姊妹或是相似的人物,轉移到愛人的身上。」[21]

這重要的轉換在他的日常生活中清晰可見,詹姆斯表達想要正式就學的期望,不想再當個旁聽生了。他再度換了學校,就是為了證實這些改變的重要性,並有個新開始;在合理的時間範圍內,他選讀所有大學入學考試所需的科目;雖然他的德語仍有障礙,但是他勤奮地唸書做作業。

很快地詹姆斯交了女朋友,雖然他現在幾乎都在家,大約一週僅外出一次,但是他的生活豐富多了。

> 當青少年得以和自己內在的自然本能相通以後,神的原型於焉出現,也唯有在和神的原型建立關係的前提下,青少年才能完全達成進入成年期的轉換。

有一天詹姆斯自己想到地問了我:「Kalff女士,你信神嗎?」我告訴他我不僅只是相信而已,還親身體驗過神的存在,這段對話開起了我們之間一連串有關宗教與哲學的話題。

當我們和青春期的年輕人認真地進行治療時,我們發現隨著生理的發育,他們的靈性也更為深沈。在早期原始人類文化中,通常藉由繁複的儀式彰顯跨入生命的另一階段,特別像是由兒童期進入成年期的成年禮。現今這些儀式要不是早已遺失其意義,就是已經不復存了。因著這個原因,在心理治療中,和少年人討論神的問題更顯得重要無比。當青少年得以和自己內在的自然本能相通以後,神的原型於焉出現,也唯有在和神的原型建立關係的前提下,青少年才能完全達成進入成年期的轉換。

三個月後詹姆斯所作的一幅沙圖(圖41)肯定了我的洞察。這是一幅風景圖,左邊有一道畜欄,裡面有兩匹馬,顏色一深一淺,

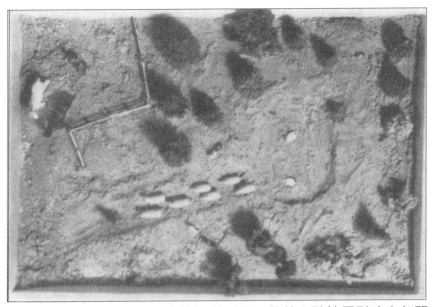

圖41　當詹姆斯和其內在本能相通以後，他就和神性原型建立起關
　　　係。

他們正走向開啟了的大門；一位牧羊人和他的羊群；最右邊有兩隻
天鵝在池塘中游泳。

　　馬兒、牧羊人及羊群向左方移動，也就是無意識的方向；詹姆
斯在創作時所忍受的內傾狀態，現在發揮其功效了，馬兒再也不是
被關起來的，不像第一盤所呈現的樣子，他們現在準備要離開馬
圈，進入與世界的關係中。這意味著詹姆斯和他的本能接近，而且
也能接通外在世界，但同時和他真正的內傾本性保持和諧。

　　牧羊人很像是基督的象徵，就像是好牧者和他的羊一般。

　　在詹姆斯的第一幅沙圖中，有兩隻烏鴉在枯樹上棲息，從它們
所具有的負向意義來看，我們可以將它們歸類為象徵凶兆的鳥類。
其實詹姆斯真的是個倒楣的傢伙，他不過是以其過度外傾的舉止，
掩飾他鬱鬱寡歡的無力感。從正面來看，烏鴉也是隱士的朋友，他
們是神祇的信差，協助那些在隱居中的人們。在聖經中，烏鴉被視

為上帝之鳥，神會回應小烏鴉的需要（聖經詩篇147：9、約伯記
38：41）。

在詹姆斯的國家中，對某些印第安人族群來說，烏鴉象徵著光
明的使者。在詹姆斯的初始沙盤裡，烏鴉無意識地指出他在治療中
所要走的路途；在越黑暗之處，光就越發顯得明亮，詹姆斯必須離
開他意識中過度理性的領域，好讓自己找到明燈，才能照亮其內在
自我中的創造性。

> 在越黑暗之處，光就越發顯得明亮，詹姆斯必須離開他意識
> 中過度理性的領域，好讓自己找到明燈，才能照亮其內在自我中
> 的創造性。

在第四十一盤中出現的天鵝，宣告了光明的機會。榮格在《轉
化的象徵》（Symbols of Transformation）一書中說到「天鵝（swan）
的字根是sven，和太陽（sun）以及聲音（sound）相同。」他說天鵝
象徵著重生和新生命。當它以太陽鳥之姿出現時，它的明亮清朗意
味著意識面的擴張，從這角度來看，天鵝就和實現內在的可能性有
關了[22]。同樣地，它還具有另一種全然不同的特質。身為太陽鳥、
光明的使者，天鵝還預告了未來之事──它能預見尚處於黑暗之中
仍未曝光之事。當我們心中有股不好的感覺時，我們通常會說：
「我有不祥的預感。」此刻在詹姆斯的治療中，我們仍無法辨別，天
鵝所具有的這兩種層面，哪一種才是具有意義的。

詹姆斯繼續愉快地準備著考試之事，有一天他報名參加考試
了，但是目的並非為了要過關，依他的說法：「只是想看看有多難
考！」不久之後，傳來好消息，他竟然真的考過了！我們欣喜若
狂，因為大學之路已經為他開了大門了。

考試成功一事也衍生出一個問題了──當他在外國生活兩年

多，已經適應當地的生活習慣以後，再回到自己的國家會有何感受
呢？他打算搭乘郵輪回國，這樣的航程要花好幾週的時間，如此一
來他就能有時間為未來以及兩地之間的差異做好準備。但他的雙親
有不一樣的打算，想要慶祝自己兒子的成就，送給他一張機票，希
望他越快回國越好。

　　這種在兩個世界間的快速轉換，在詹姆斯的心中引發一陣痛
苦，這一點也不讓人意外的，他夢到：

> 　「我在自己的國家裡，在一幢大房子裡，好像失火
> 了。神雖然在那裡，但是不知怎麼回事，就是無法幫忙。
> 然後『在月亮上的男人』被叫來了，我看見他從外太空千
> 里遠趕來，他和上帝進了一個房間在開會，後來的就不記
> 得了。」

　　「失火」意味著詹姆斯內在的情緒狀態，神自己是幫不上忙
的，但是「在月亮上的男人」是誰啊？要來協助上帝的人是誰？有
許多神話與傳說都和月亮上的「臉」有關，有許多都說是要處罰
人，所以把人送到月亮上。我想起一個德國北方的傳說，有一個巨
人彎著腰倒水到地球上，以熄滅退潮時的火災。這一個神話故事，
在詹姆斯作這個夢以及早年發生過火災的背景下，我認為相當有意
義。幾乎在所有人類的神話故事中，月亮都會影響潮汐和大自然的
運作，相較於白天炙熱的太陽，月亮則蘊含著水的法則。

　　在中國童話故事中，月亮上有一名男子坐在香味撲鼻、開滿桂
花的樹下；在非洲，香甜的桂花果則被稱為瑪哪，瑪哪是上天賞賜
給在曠野的以色列百姓的食物。據說瑪哪在夜間和露水同一時間從
天上落下，因著這些原因，瑪哪被稱為天上的糧食，或是月亮的食
物。在《聖經》的經文中，瑪哪和露水做為比較，是禱告的象徵，

在啟示錄中說道:「得勝的,我必將那隱藏的嗎哪賜給他」(啟示錄2:17)。

　　在詹姆斯的夢境中,我們清楚的看見,他的意識與無意識之間的相會,對他而言是多麼的重要,這不是使用任何理性的方法所能辦到的。詹姆斯的傷痕之深,不禁讓我推想,他的本我未曾在他早年時期顯現。在沙盤中,詹姆斯象徵性地,藉由基督的誕生體驗到本我,也獲得了寶藏。現在他不但具備學習的能力,也發展出男性特質,以讓他能達成對集體的適應。我們可以期望,他的治療經歷將能照亮他的生命風暴;更重要的是,詹姆斯開始每天禱告,因為知道自己總能尋求神的幫助。

參考書目

18. C. G. Jung, Symbols of Transformation, Collected Works, Vol. 5. （New York: Pantheon Books, Inc., 1967）, 180.
19. C. G. Jung, Psychology and Religion, Collected Works, Vol. 11. （Princeton, NJ, Princeton University Press, 1958/1977）.
20. C. G. Jung, Symbols of Transformation, Collected Works, Vol. 5. （New York: Pantheon Books, Inc., 1967）, 198.
21. C. G. Jung, Psychology and Alchemy, Collected Works, Vol. 12. Second Edition, （Princeton, NJ: Princeton University Press, 1953/1977）, 73.
22. C. G. Jung, Symbols of Transformation, Collected Works, Vol. 5. （New York: Pantheon Books, Inc., 1967）, 348.

第七章

達達：語言障礙的五歲男孩

　　達達在五歲半大的時候來找我做治療，治療進行了兩年多，在此期間發生的事情很多，但我僅挑選幾項與男孩發展特別有關的重點來說明。

　　據達達父母親的說法，他具有白人、庫德族人、土耳其人、拜占亭人、克里特島人以及瑞士人的血統，因為混雜了有原民文化、伊斯蘭、新舊基督教以及地區性的傳統文化等，因而造成他在種族、文化以及宗教上的矛盾。達達有兩位女性先人在幼年時被人從遊牧民族的帳篷內偷抱走，然後被富裕的土耳其人家庭養育成人。這些遊牧民族在大草原上流浪，和周圍信奉基督教的人世代為敵，會因為對家庭的高度忠誠而戰。

　　我提到這些細節是因為我一看見這位小男孩，就對他的不尋常印象深刻，達達靠在媽媽的身旁，以他那雙任性卻又真誠的眼睛望著我，他講的句子都很簡短，和他的年齡所應具有的字彙程度不相符。他還顯現出其他的症狀，像是要求母親必須全程在場、走在街上的時候他會藏在媽媽的外套內、堅持穿著有連身帽的衣服、對藍色有強烈的偏好而且拒穿藍色以外的套頭毛衣，若是要求他做任何他不想做的事，達達就會立刻緊繃起來；沒有任何辦法能逼他進到澡缸裡、他喜歡音樂、喜歡在咖啡色的大紙上作畫等。他能不能正常的成長真是個問題呢！

　　達達在二十一個月大的時候得了急性葡萄球菌感染，我從當時

治療他的醫生口中得知，當時達達的肌肉極為僵硬，硬到連皮下注射的針頭都斷掉了。醫生說這場感染讓達達病危有三天之久，雖然他後來復原的相當快，但是他在這場大病後再也無法走路或是說話了。在生這場病以前，達達是個很健康的小孩，可是後來卻需要重新學習以前已經會的技能，重新學習走路看來是沒什麼問題，不過他的語言發展卻遠遠地落後他應有的程度，甚至還有精神科醫師質疑他能否就學呢！這就是他的家人和我聯繫的主因了。

　　我和達達還有大他四歲的哥哥，在我的花園內一起渡過了第一個小時的時間，我觀察他們怎麼玩纜車。達達在遊戲中以手勢和少數的字彙主導大局，他的哥哥反倒沒啥發言權。

　　當達達第一次單獨來找我的時候，他直接走到唱盤那裡，表示自己想聽音樂，他坐在矮椅子上專注地聽著音樂，一會兒以後他要我坐在他的旁邊，我們一起聽著莫札特的音樂。唱片播放完了以後達達心滿意足地說：「綠色」，然後我們又聽了巴爾托克的音樂，達達稱其為「黃色」，我才明白這些字眼是和唱片中心的彩色標籤紙的顏色一樣；接下來他要聽藍色，是巴哈的音樂。我看著他專注地聆聽著音樂，了解到他稱這些音樂綠色、藍色或是黃色時，是將顏色和特定的作曲家連結在一起。我們花了好幾次的治療時段聆聽這三位作曲家的音樂，感覺到他和我之間已經建立了確實的關係，也知道我得用其他的方法來為他做治療了。我坐在鋼琴前面彈唱起兒歌，達達把他的椅子移過來靠近我，很專注的聆聽著，我很確定即便他坐在椅子上一動也不動的，但他可沒漏掉任何一個音符。當我要翻頁唱另一首新歌時，達達斷然地阻止我，他愛極了這首有關月亮的歌，還有月亮的圖片以及月亮旁邊的星星。我反覆地唱了兩三遍，他完全不想聽別的歌；然後他把樂譜闔上，我們就到樓下的遊戲室去玩。在途中我們經過一個滴答作響的鐘旁，他嚇了一跳，立即抓住我的手，我感覺到他的焦慮不安，便向他保證沒有什麼好

怕的。

在遊戲室中達達立刻走向沙箱，造了一座山，然後以手從四面穿過在這座山，在山的內部造了通道和一個中空的區域，他的臉色讓我覺得他除了山洞以外什麼也沒看見了。達達找到了一根蠟燭，將它放在山洞裡並且要我把它點燃，達達好像很喜歡這樣。

在接下來的幾次治療時，我們要不是彈鋼琴就是他在做沙箱，達達挺樂在其中呢，我覺得主要是山洞中的燭光讓他著迷。他以極快的速度捏塑著沙子，也立即把黏在手上的沙子刷掉，好像碰觸沙子對他而言並不是件愉快的事。

在幾次治療以後，達達的神色較為明亮了，原本他看起來可是非常嚴肅呢！現在他顯然很喜歡來這裡，每次達達結束治療要離開時，他希望我屋子的門還是一直敞開著的，直到他的身影不見為止，達達希望確知這間屋子是為他打開大門。達達和我越來越親近，當我在鋼琴前反覆地彈奏著「月亮之歌」時，他會坐在我的懷中；同時他還在歌本中找到第二首喜歡的歌曲，歌名叫做「給小朋友心靈的歌曲與聲音」[23]，他才聽了一會兒就已經熟記在心了，我可別想漏掉哪一個段落呢。

有一天達達發現了紙和色鉛筆，他以異常堅定的姿態畫出一個大正方形，然後他把紙和筆給我，示意我也要畫下我的房子。當我把房門畫出來時，他想要這扇門是打開的，連在門口旁的一只舊風鈴也得要畫上去，或許這讓他覺得他確實能夠再回來的。達達開始覺得我了解他，他一次又一次地想聽「月兒走的真寂靜」和「一閃一閃亮晶晶」的曲子，每一次他都動也不動地坐著，全神貫注地聆聽著。

我注意到達達的聽覺特別敏銳，因為他會對任何微小的聲音都有反應，有一天上午十一點鐘的時候他在我的辦公室，這時候教堂的鐘聲響起，他變得坐立難安，要我把窗戶打開好讓他聽那鐘聲。

我畫了教堂讓他看，並指出在鐘塔裡的鐘，然後他畫出了我的房子，在大門的部份他現在多畫了一個圓圈，以此代表門把；他想在上面畫一個鐘，在幾秒鐘之內他就以一筆畫完，散放出無比的活力和篤定。

達達所作的每一件事都是源自於內在需求的驅策，沒有任何代替的餘地，他的行為受到無意識的控制，將他一切的衝突持續封鎖在黑暗中。在此時達達的內心開始推著他往光明處前進，或許這就是為什麼那些和月亮、星星照亮夜空的歌曲、或是在沙洞中的燭光，會對他這麼重要的原因吧！達達對其他的事情再也沒有興趣，這時候再教他該怎麼綁鞋帶已經完全無用了，雖然他還是常常被自己鬆脫的鞋帶給絆倒。

兩個月以後，在聖誕節前不久，我讓達達看在我的歌譜中「平安夜，聖善夜」歌曲的一幅插圖，它畫著在聖誕夜裡一個明亮的教堂、幾間房子、還有一些人提著燈籠穿過大雪中的田地。我彈著鋼琴唱著這首聖誕歌曲，達達專注地聽這一首歌還有耶穌降生的故事，想到了聖誕樹還有許多的蠟燭，於是在沙箱中放進一間教堂和一間小房子（圖42），置於小山坡上，達達已經不再需要造山洞了。為了完成他的沙圖，我們用娃娃屋所使用的小燈泡照亮教堂和房子，他仔細地檢視教堂鐘塔，看看是否有鐘在裡面，但雖然發現裡面沒有鐘，他還是覺得滿意了。

達達每一次在我家的時候，都還是會在正午時分聽著鐘聲，堅持要打開窗戶聽，我很好奇既然他這麼喜歡鐘聲，但沙箱裡面這一間沒有鐘的小教堂怎能讓他滿意呢？但因為當時他的字彙還是相當有限，我是後來才得知，他很害怕教堂的鐘會掉下來，我不斷地向他保證，在鐘的下方還有一層地板阻隔著，擋住鐘和鐘塔其他的區域。

鐘聲連接著天堂和世界，也是創意能量的象徵，我猜測達達對

圖42　當達達開啟內在的明燈後，即從黑暗中浮出。

於鐘會掉下來的焦慮，是和他恐懼於自己的創意能量有關，擔心會被它嚇壞了，因為他還沒學到該如何應付這些能量，所以他想要我保證在這些鐘之下還有保護的地板。了解了這一層之後我也多了一項挑戰，就是要仔細地觀察他所表達的創意，並給予他們方向。

　　現在達達除了喜歡「月亮之歌」以外，還喜歡這一首聖誕歌曲以及它的插畫，他一次又一次地把教堂和小房子放進沙箱中。有時候他會多放幾間房子，變成一個小村落，有的時候只有一間小房子單獨位於山丘上的教堂旁。有時候他稱房子為「我的房子」，有的時候稱它為小孩基督（Christ Child）的房子。在治療中藉由移情所形成的母－子連結慢慢地消散了，達達覺得自己完全被接納也獲得了瞭解，他的本我也受到了保護，在「我的房子」裡，他是安全的；有的時候他在小孩基督的房子裡是安全的。我覺得他將房子稱為是小孩基督的家是其內在的聖童（divine child）即將誕生的證明，他現在準備好讓他的本我顯現了。

　　達達對於小孩基督的關注很快地轉移到對教會的興趣上，在歌

本中基督降生的圖片和明亮的教會連在一起，達達也稱我的房子為教會，我們熱切地讀著有關教會和大教堂有關的書。令人驚異的是，達達記得我介紹過的每一間教堂的名稱，甚至能記得不同教堂的特定細節，因為他記得彩繪玻璃窗上的玫瑰樣式。他不斷地要我讀教堂的書給他聽，然後變成他開始自己畫教堂的圖。（圖43、44）

　　達達畫的可不是想像的建築物，而是他在書中或是在鄉間旅遊時所見到的真實教會。當他在畫教堂時，其筆觸已不像他第一次畫正方形那樣了；而他原本無法以言語所表達的，現在藉由又圖又畫的方式表達出來，我看見內在的需要正在運作著，他正尋求著表達的方法，作為和人溝通的方式。有的時候是如此急迫，以致於他整個人好像被懾住了，或許這能說明何以他的遊戲中都沒有人物存在。達達被一種非常特別的東西所迷住了，他深受教堂圖片以及基督降生在伯利恆馬槽的圖片所吸引。他在畫教堂時也是相當專注的，我在想，有沒有可能是達達身上源自歷代先祖們血液中的基督教意識，就要在他身上顯現了呢？

　　聖誕節過了，又過了一個月，達達還是繼續在沙箱中放入教堂和小房子，大部分是放在山丘上，漸漸地他加進其他的房子和另一間教堂，不過依舊沒有人物在其中，但是有兩匹白馬在村落的廣場玩耍。正如我們早先所見的，通常白馬是與宗教體驗有關連，所以兩匹白馬可能意味著本我即將顯現。

　　不一會兒，達達在山頂上建造了一個漂亮的村落（圖45），這是冬天，四周滿是被雪覆蓋的松樹，一間小木屋以及在其後方的教堂位於深深的積雪中，一輛由白馬與黑馬所拉著的結婚馬車向著山頂奔去，達達說裡面載著國王和皇后。有兩位僕人走在前方，在車隊最前方引導的是一隻大狐狸。

　　我們在治療中早已成功地建立起母－子連結關係，他將我的房

圖43（上）和圖44（下）　　當達達熱切地畫著教堂時，他內在深藏的
宗教性本質便甦醒過來。

圖45　在他的直覺引導下，達達體驗到對立面的結合以及本我的顯
　　　現。

子另稱為小孩基督的房子，顯示分離的需要已經出現了，達達的本
我藉由基督這位完全、完美的人類象徵，開始從母子連結中脫離。
在這幅沙圖中，當對立的兩極結合（union of opposites）時──也
就是國王與皇后的婚禮，以及由一黑一白的馬匹所拉著的馬車，本
我就出現了。在童話故事中，通常當無意識的內容物須要浮現於意
識面時，狐狸就會出現；小王子（Little Prince）一書的作者聖‧修
伯里（Antoine de Saint-Exup'ery）就是以狐狸作為教導人們認識無
法眼見之事務者[24]。

　　達達專注地聽著聖誕歌曲和教堂鐘聲、畫著教堂的圖畫，顯示
他內在潛伏已久的基督教意識現在開始甦醒，藉由大狐狸的身形，
也就是達達直覺的幫助下，指引出通往本我顯現之路。

　　不久之後冰雪融化，達達開始能正常地說話了，他重生了！他
在我的歌本中找到幾首新的曲子，也特別偏好聽其中的某幾首，像

是「願一切更新」或是「親愛的五月讓綠樹常新」。他也不再像當時他在聆聽月亮之歌時那般的專注，反而是比較喜歡看它的插圖，像是小孩們在玩耍、或是人們穿上禮服越過陽光普照的田野到教堂去。這張照片激發他許多問題，他想要知道所有的細節，像是「為什麼人要在星期日上教堂？」、「他們在教堂做什麼？」，我告訴他人們在教堂聽傳道人傳講上帝的故事、禱告還有唱聖歌。

　　我走到鋼琴前想要模仿去教堂做禮拜的樣子，我還把教堂的鐘聲，燈光以及渾厚的聲音、傳道人進場、聖歌的音樂聲等都含括進來，達達非常興奮，要求我重複模仿，後來更變成他想以自己的手指做同樣的事情。看他以笨拙的小手費力的想找出正確的琴鍵真是不可思議，而他還真的辦到了，我在想他真是有音樂的天分才對！他現在彈琴的樣子就像他一開始聆聽音樂那般專注，不找到正確的音符他不會罷休的。

　　達達也想要聽上帝的故事，當我告訴他神愛世人時，他聽的很入神，「那他一定是住在頂樓了」，他說道：「……這樣才能看到每一個人。」

　　既然達達在言語表達上的問題已經消失了，我們便討論起上學的問題。本來他應該是在下一年入學，但他自出生以來就畏懼和外界接觸，只有在愛他的雙親和哥哥的陪伴之下他才和外界接觸，所以他的父母親接受我的建議，就是讓他一週去上私立的幼稚園兩、三天，讓他能在那裡和同年齡的小孩接觸並適應他們。這個方法只成功了一部分，因為達達完全不在乎用手作手工藝，不像其他和他一樣大的小孩們那樣，老師也難以了解他的專注程度。不過他並不討厭上學，也會談到其他的小孩。

　　同時在他來我家的時候，另外有一件讓他分心的事情發生了，就是有一天當他在翻閱我的歌譜時，發現一幅兒歌的插圖，兒歌曲名是「晚安！」，我彈了這首曲子給他聽，但不確定他有沒有聽

見，只見他呆呆地望著圖片中睡在搖籃裡的小嬰孩，我必須向他保
證小嬰孩只有在夜晚才會自己睡在搖籃裡。他想要知道小嬰孩幾
歲，我就解釋只有小孩子才會睡在搖籃中，只要長大了就會睡在床
上。我不解他為什麼要問我這些問題，他聽我的解釋，我也看得出
來他確實聽到我的回答，但他好像被某種恐懼給震懾住。我發現原
來他擔心這個小孩會永遠地留在搖籃中，但不管我怎麼解釋都沒有
用。

　　現在除了教堂以外，達達開始畫搖籃了（圖46），我了解他正
在重現對於死亡的預感，這是他在幼年時期生那場病的體驗，這樣
巨大的恐懼，或許也就能解釋為什麼他怎麼都不願意進到澡盆裡，
他在無意識中恐懼於自己會受困。另一首歌「睡吧，我親愛的兒子」
的插圖則讓他得到一些撫慰，這幅圖畫內容是一個母親站在搖籃旁
邊，懷中抱著她的小孩。有好幾個星期達達畫著各式各樣的搖籃，
試了許多次以後，他甚至能精準地畫出搖籃的正確透視圖，他越來

圖46　達達以他畫的搖籃中的嬰孩來面對著他幼年時的死亡恐懼。

越進步了。

在幾個月之後，有一所公立幼稚園成立，學校中有一位聰慧的老師順利地讓達達融入班上，因為她允許達達和其他小孩保持距離，自己在一旁又塗又畫的。

在此時期童話故事變成達達的最愛，特別是「睡美人」的故事，他對於王子以他深情的一吻讓睡美人甦醒過來十分著迷。就象徵性來說，這個故事讓我們深入達達的問題核心，因為從深度睡眠中甦醒過來，象徵著重生和開始新的生命。達達現在開始畫出睡美人在玻璃棺木中以及王子的圖畫（圖47），我希望他過去的問題能漸漸地消除，好讓新的成長能夠開始出現。

在達達做下一幅沙圖時，生命更新的主題變得更為強烈，他造了一條大河，有許多人在其中洗澡，他說：「他們都沈下去然後又

圖47　達達非常高興睡美人從玻璃棺木中復活過來，正如他期盼自己的內在能有更新的生命。

浮出水面來」,稍後他更是以一幅受洗的圖畫明確地表達出更新的主題(圖48)。達達在沙中放入一個小碗,然後把一個洋娃娃浸入水中受洗,有一個人和許多動物在一旁圍成一圈,觀看著這場儀式。

我們都知道基督是浸入水中受洗,在早期的基督教中洗禮是一項深具意義的儀式,且意味著被教會接納,今日教會中的聖水仍舊賦有這種創造與轉化的特質。浸入水中對達達來說意義非凡,它意味著新生命的開始,能讓他發展出與外在世界對抗時所需的安全感。

達達在發展上所邁出的第一步,就是在他先祖的文化與基督教文化中取得平衡,當他開始在教堂的畫作上加入清真寺時,即知他的問題已解決了。

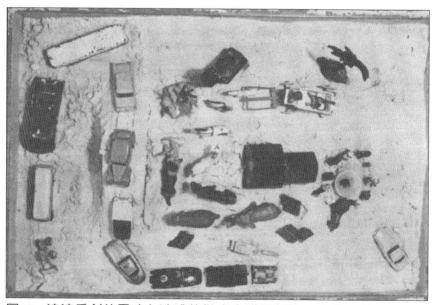

圖48　達達受創的靈魂在洗禮的儀式中獲得新生,有人和動物站一旁觀看見證著。

　　達達發展的相當好，他以畫圖的方式表達他生動的想像力，有時也彈點鋼琴。而讓我驚訝的是，達達若沒有隨意彈一些我早先為他彈奏過的曲子，他是不會休息的；令我開心的是，達達在他應入學的年齡，順利的入學讀一年級了。

參考書目

23. Sang und Klangfurs Kinderhez. （Berlin: Verlag Neufeld and Henis, 1909）.
24. Antoine de Saint Exupery. The Little Prince （New York / London: Harcourt Brace Jovanovich, 1971）.

第八章

瑪麗娜：孤立的九歲女孩

　　雖然這位嬌小、棕色眼睛的女孩溜進我的遊戲室，但是我看出她立刻出現複雜的感受。即使她的媽媽告訴她可以來這裡玩，但我猜她可能正在想，這些是什麼樣的遊戲啊？不過當她看見沙箱時，立刻捲起袖子開始捏塑起沙子了。我讓她看各種能夠使用的沙遊物件，她把手插在腰上，仔細地檢視起這些架上的物件。

　　瑪麗娜背對著我站著，我看著她，她有一頭深色的及肩直髮，她把自己瘦弱身體的重量放在右腳上，左腳略向前，以一隻腳跟來平衡，身體不斷地左右轉動著，她那略深的膚色讓我想起地中海地區的小孩們。

　　「我喜歡什麼都可以拿嗎？」她問道。

　　「是啊，只要拿你最喜歡的、你最想玩的那些」，我回答。

　　瑪麗娜最喜歡的是一間小木屋，所以她把小木屋放在沙箱的正中央（圖49），從各個角度看著它，顯然很滿意，又回去找其他物件。她挑選了幾棵樹，圍繞在房子四周當作柵欄，在左邊她造了一個半圓形的木製圍牆形成一個畜欄，有著一匹白馬還有一個拿著鞭子的男人在裡面。牛、羊和鵝之類的家畜放牧在房子附近，還有一個女孩忙著餵雞和鵝。瑪麗娜把這些物件完全放置在沙箱的左側，沙箱右側的區域則是空無一物，她以左手在沙上挖了幾道淺犁溝，放一個農夫在田間，她說農夫正在土地上播種。

　　這幅沙圖呈現出瑪麗娜之所以來讓我觀察時的心理狀態。她的

圖49　當瑪麗娜內心所渴望的平靜矗在正中央的位置，以及左邊的白馬被馴馬師訓練好了，播撒下期望被了解的希望種子。

養母渴望有個小孩，所以在瑪麗娜六週大的時候領養了她，小女孩長得很好，只不過到了六歲時還是會尿床。偶而瑪麗娜會對她的養父母表現出強烈的抗拒之意，會變得相當地頑固。當她四歲的時候想要有一個妹妹，所以她的養父母又領養了另一名小孩。養父母們來自美國但目前暫時住在歐洲，計畫在幾年後再回美國，所以挑了一所學校讓瑪麗娜能學英語，也就是她的母語。她在繪畫與手工藝上顯得很有天分，但是在算術與閱讀上就有問題，特別是在閱讀上的障礙甚大，使得她在二年級的時候需要聘請家教來協助她。但是家教也幫不上忙，為此她的養父十分不高興，因為他對這個聰明的小孩寄望頗高。

　　這間溫暖的小木屋是我許多位兒童個案的最愛，一開始它孤伶伶地矗立在沙箱中央，我在想，它是否具象地表達出瑪麗娜對溫暖

家庭、或是對內在平靜的渴望呢？也可能兩者都是。被單獨關在一旁畜欄中的白馬就顯得很特別，它和農場上其他的牲畜隔離開來，而且還被一個農夫以長鞭鞭策著。

在神話學以及民間故事中，認為馬能夠看見未來，通常被描述成千里眼與順風耳，有的時候馬據說還會講話。作為動物，馬將無意識的獸性特質加以具象地表現出來；作為負重的牲畜，它和母性（maternal）有所關連；因為它極易受驚，所以和本能連結在一起且不受意識的控制。白馬的象徵也帶有宗教的特質，在中國有一所寺廟祭祀著白馬，在聖經啟示錄中也提到白馬；據說默罕默德就是乘著一匹白馬升天的。除此之外，在古老的宗教中，白馬也和太陽神連結在一起。馬本身同時傳達出大自然的不可預測性，以及對於意識開通的內在驅策力。

在小瑪麗娜的沙圖中，白馬位於最左邊的位置，這可能意味著深藏在這位小女孩無意識中受創的女性、母性面向，我希望能在我們的治療中碰觸到這部分；在右邊的播種者則提供我們一個會有碩果的預後，因為他正在寬闊的田間撒種。

在第二次治療時瑪麗娜帶來一束小花送我，這是她沿路所摘的。當我向她道謝時，她說：「這樣不是很棒嗎？我愛你而你也愛我。」

「今天我想要畫圖」，她繼續說，我讓她看各種可用的顏料、鉛筆、蠟筆和水彩等；她堅定的筆觸著實讓我感到訝異，她的圖畫後來成為一朵盛開的美麗鬱金香，後來她帶回去送給媽媽了。

在第三次治療時瑪麗娜專注地做沙箱（圖50），她一開始先在沙上造一條路，然後選了幾間小房子放在離道路些許距離的位置，房屋是西式的，樣子就像是我們那個地區的房子。在房屋前方她造了條小溪，上方有一座東方的橋樑，在橋的旁邊的水中她還放了一個寶塔和一艘平底船。她在西式洋房和樹林間放置了一些額外的東

圖50　瑪麗娜展開一趟深入心靈之旅。

方的物件，像是一間小廟以及白色的寶塔，瑪麗娜在沙盤最左側置
入大棵的樹木，很快地沙盤中的街道景色變得豐富起來。瑪麗娜小
心翼翼地把所有能找到的東方人物挑出來，足以將他們從左到右地
排成一長列，排在隊伍的最前的人物已經埋沒於樹林間了，這是一
個提著燈籠的人物。當我問小瑪麗娜，這個人在樹林裡做什麼呢？
她回答道：「他要把光明帶進黑森林裡啊！」我對她說她是對的，
因為我知道她的心靈已經邁向療癒之路，我也深受其感動。這條路
只有穿越黑暗才能進入光明，這項永恆的真理，就由這孩子自發的
無意識在此傳達出來了。

　　瑪麗娜在學校中因為她在數學與書寫上的表現不佳而嚴重落
後，覺得自己被同學們排斥了，或許她的內心經常感到黑暗與孤單
吧。而她也早已在其第一幅沙圖中將此象徵性地傳遞出來了，她用
了那匹被孤伶伶關著的白馬。現在該是幫助這個孩子找到方法以脫
離內在孤寂的時候了。

　　第三幅沙圖就說得更多了（圖51），有一個稱之為「夏威夷」
的島嶼，在島嶼左上角的位置有一小片森林，在林子前方有一個夏
威夷舞者和樂手們站成半圓形地玩著；在下方有一個圓形池子，池

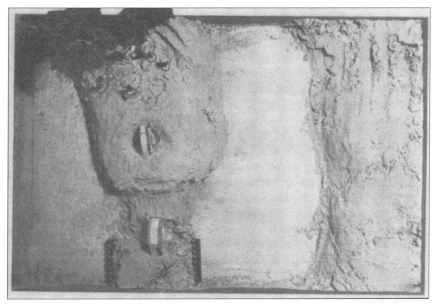

圖51　瑪麗娜的孤寂清楚地在她如自畫像般的島嶼圖中呈現出來，但是
　　　在象徵意識部位的眼睛，有舞者和樂師，則又帶來光明的希望。

中橫跨著一道中式橋樑，另有一座橋樑銜接到另一片土地上，該處
僅有一棵小樹。瑪麗娜的夏威夷島嶼被水環繞著，在最右邊是一片
空曠的土地，看來是陸地。

　　這整幅沙圖讓我想到的是一張非常悲傷的臉孔，眼睛的部位代
表的是意識，該處有外國的樂師和舞者；在上方是一片看似是一簇
頭髮的森林；那有著橋樑的小圓池，讓我覺得像是一張緊閉的嘴
唇。在此我看見的完全是這一位小女孩所表達出來的孤寂，我不知
道她想要藉此傳達什麼呢？是在說，雖然她的嘴是緊閉的，但是她
認同的是那位舞者？或許她要說的是，她是一個來自遙遠國度的孩
子？或者是她對於周圍的一切感到陌生？在夏威夷不管是東方人或
西方人都能和睦相處，或者兩者都可能為真。深藏在瑪麗娜無意識
中的祕密在此為自己發聲了，藉由外部的方式來表達。在沙圖右邊

圖52 瑪麗娜以陶土做了一張暗沈嚴肅的臉譜。

的那片土地較靠近意識面，它傳達出瑪麗娜在在智能發展上的停頓，上面寸草不生無法居住，然而在這片荒蕪之地她有感覺，她在跳舞，或許因為她知道自己被領養。我不由自主地想起一節波斯詩句：「凡知曉舞蹈之力量者必定住在神裡」，我抱了抱瑪麗娜，讓她知道我懂得她的語言，用這樣的方式和這位小女孩共同分享她的訊息，傳遞出對這位小女孩的全然接納，照她的本樣來接納她。

接下來瑪麗娜用許多不同的方式來表現她自己，都相當有創意。我對這位小女孩的藝術天分深感訝異，她會以陶土做些小東西，上色又上釉的。有一天她以陶土做了一張臉譜（圖52），一開始我不知該如何詮釋這張臉譜，它很漂亮，雕塑的很清晰，看起來有點像是外國人的一張小臉。「這沒什麼」，瑪麗娜說道，但是我覺得她是非常喜歡它的。

幾週後瑪麗娜又做了另一盤沙圖（圖53），她在沙箱中央造了一座山，山上放了一間教堂，在入口處放置了一座中式的拱門。在教堂前方的小路分岔開來，通往左邊的小路向下連接至一條小溪流上的東方式橋樑，有茂盛的樹蔭遮蔽著，一個撐著傘的日本小女孩站在小橋的中央；另一條小路則通往反方向，它的路徑彎曲幾成圓形狀，通往一個有西式建築的小村落。位於右前方的是一個圓形小池塘，其中有魚。有一長列的人在村莊附近，他們就像是在第二幅沙圖中朝向森林前進的隊伍；在村莊的入口處有一位小姐坐在黃包

圖53　深藏的衝突休兵了，解放了瑪麗娜，使她能適應其被領養的世界。

車上，她是正要回家的公主，瑪麗娜這樣說。

　　東方與西方在這有東方式大門的教堂中相結合了，瑪麗娜知道我完全的了解她，也充分的接納其內心深處困擾她多時的祕密。感受到這一點，她就能將自己身世的重擔卸下來了，她那陰暗的祕密能夠安全地回到她存在的深處休憩。每當一個新階段的發展要達成時總要有所犧牲，在這個例子中，舊有的情況以東方的元素為象徵，退居到背景中以讓出空間給新的事物。在瑪麗娜的沙圖中，那位日本小女孩遠離他人獨自走在孤寂的小路上，但因為她又是站在盛開的樹下看來如此的迷人，我覺得瑪麗娜應該不再覺得身負重擔了。

「對於藝術表現的期待

　　當我給孩子陶土、木頭、石膏、玻璃、琺瑯瓷、色紙、顏料和其他的媒材時，我並未期望要看見藝術性的傑作，因我使用藝術媒材與音樂是為了培養孩子的情緒本性以及他的溝通能力。我主要想要喚醒的，是孩子內在的創造能量，因為唯獨與本我創意中心的完整性有所聯繫，才得以正常的發展。我試著啟動那些因著學校與家庭的日常例行事務而瀕臨危機的內在資源，假如因著提供這些媒材，使得藝術的天分被喚起了，它們定會找到自己的表達方式。」

　　看來東方與西方在這孩子的內心深處相遇了，在這樣溝通的基礎上，對於她所處環境的新適應狀態便朝氣蓬勃的出現，現在瑪麗娜可以向她身處的西方世界看齊。她藉由許多人朝向西式村落前進來表達，隊伍行進的方向和第二幅沙圖中的不同，而且現在是由公主領隊，即便樅樹林的景色也具有西方的特質。在池塘中的魚或許意味著基督教名詞中的本我，為了要達到聚中（centering），瑪麗娜得要犧牲一部份的自己，她直接以日本小女孩作為犧牲的表現。以成年人來說，要達成類似的犧牲與聚中狀態，需要變得相當具有意識性的覺察，然而這個小孩就在做沙盤的過程中體驗到這一點了。

　　這時是夏季的時候，瑪麗娜和我通常會在這充滿陽光的時分在花園裡玩耍，本我伴隨著整個發展過程，我認為本我可以藉由遊戲得到治療師的支持。瑪麗娜和我經常在草坪上玩球，玩法是先將一顆小球丟出去成為標的物，然後再丟出大一點的彩球，其距離盡可能靠近先前丟出的小球。在這遊戲中我經常變換起點，以象徵性地引發這個孩子不同層面的參與，因她正掙扎於找到自己的中心。

　　瑪麗娜一直很受到沙箱的吸引，一小段時間之後她造了一個島嶼的沙圖（圖54），上一幅沙圖中的村落再次出現，只不過先前的樂師和舞者現在位於村落中央的廣場上，雖然舞者是當中唯一的女性人物，但這幅沙圖依舊呈現出這孩子心靈中的轉變，舞者在一個圓形、受保護的區域，像是聖域（temenos）的地方裡舞蹈著。

　　感受到被庇護，這是所有真自由與自由發展所需的前提。在第一個島嶼和第二個島嶼之間的差異甚大，在第一幅中的舞者看來好像被人拋棄似的，需要老天爺的憐憫；但在此她受到人造村落的保護，且其環狀式的構造具有保護者的原型特質。

　　島嶼並非完全封閉的，這讓我想起子宮的形狀以及羊水，這孩子是其所結的果子，也在此出生。瑪麗娜的島嶼描繪出胚胎的發展，它在神祕舞蹈及其動力之下開始運作。在Nuemann所著的《大

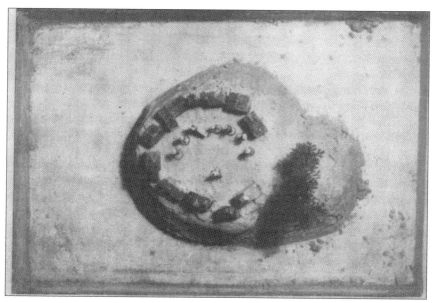

圖54　新的發展正在運作中，因女性的能量在富含可能性、給予保護
　　　的子宮中舞蹈著。

母神》（The Great Mother）一書中說道：「原本所有的儀式都是舞蹈，在舞蹈中全部的身體與心靈都動了起來。」[25]

當小瑪麗娜看著剛完成的沙圖時，她也跳起舞來了，她哼著一首曲子看起來很開心呢。感動之餘她說：「以後我一定會跳舞」，在此同時她從窗戶看見我們養的小臘腸狗，然後衝出去抱住它，小狗很愛這樣，每一次瑪麗娜看見它都會對它表現情感。「它是我的朋友，因為它毛茸茸的」，它是一隻軟軟的長毛臘腸狗，瑪麗娜喜歡所有軟綿綿又毛茸茸的東西，她也很愛我們鄰居所養的兔子，老是想要餵他們紅蘿蔔，摸摸他們的毛，我敢保證她一定非常想要帶一隻回家養呢。

瑪麗娜開始表現出完全的自我肯定，她很開心地告訴我她的各種大膽嘗試。我們共度的時光對她而言似乎是太短了，她來的時候通常心中對於該怎麼用這時段都有所打算，我感覺她日漸地增長其內在的安全感。

接近夏日尾聲時，瑪麗娜做了一幅「基督誕生」的沙圖（圖55），嬰孩躺在洞穴中，周圍有馬利亞、約瑟和牧羊人，她充滿愛心地在他們前面放置了幾棵大樹，像是要保護這所有的一切。瑪麗娜並沒有依照故事中的描述放進三位國王，她放了四個國王在疾馳的馬匹上，奔跑在在兩座圓圓的小山丘之間。

我深受這幅畫面的感動，瑪麗娜在此傳達出她無法以言語表達的東西，這幅圖畫代表著前一幅沙圖所預告的原型式誕生（archetypal birth）；此外，它那純粹的力量證實了她的藝術天分。相對於她在第三幅沙圖所呈現出的孤寂和被拋棄的淒涼感，我們注意到其心靈的光景在此新生中完全的轉化了。

嬰孩出生於庇護的洞穴中，被愛環繞著，瑪麗娜已經象徵性地將她的消沈給消化完畢；榮格提到兒童的原型時，說：「各種兒童天命可視為在描繪心靈事件，其發生於自我起源的生命事件中，神奇

圖55　當四位國王奔馳到基督降生的洞穴時，在本我的呈現下，內部
　　　　與外部連結了。

的降生所要描繪的，就是對這種起源的體驗。」[26]

　　這個小女孩內在體驗的完整狀態，更進一步地由四位國王來呈
現，他們正匆忙地向洞穴奔去。這些帝王式的原型人物具有集體
的、屬世的特質，象徵性地將外在的、屬世的部份與內在的洞穴結
合，此一結合發生於本我聚合之時。這種神聖的、聚中的體驗是其
人格與才能發展的基礎，也是她是否能在世界上成功地生存的基
礎。在沙遊中的聚中體驗（centering experience），是在瑪麗娜與治
療師在如母－子關係的連結下所發生的。

　　在瑪麗娜的人格中也有一十分陰柔的面向，在我看來這兩座小
山所代表的，就是她兩個小小的胸部，我感覺她生來就是要當母親
的。事實上她也常說到她將來有一天要結婚生子，她說得真沒錯！

　　在治療的時刻中我更費勁的去強化她初獲的人格，在她個性中
的這些新面向就像是剛發的嫩芽；瑪麗娜將她新生的熱情轉移至工

藝創作上，她用石膏做了一個小女孩，還用琺瑯瓷做了幾件小珠寶，然後她把大部分的作品送給她的媽媽和朋友們。

　　就在此時學校的問題再度浮現，她在語言的學習上，特別是拼音的部份完全沒有進步。她每週兩次接受治療，迄今才進行四個月，處理的時間太短了。瑪麗娜的父親對於她的智能還是極為懷疑，更雪上加霜的是，他們次子年僅五歲大，也是領養來的小孩，卻表現的很優異。

　　我們決定聘請家教，以適合瑪麗娜的方式協助她克服書寫與閱讀上的障礙。在家教老師的指導下，瑪麗娜每一天寫一篇短文描述她的新嘗試，舉凡她所不認得的字、或是困難的拼字，都以特別放大的字體清晰的寫在另一張紙上，並依照字母排序。慢慢的她的拼字書就這樣做出來了，這個方法能幫助她學習陌生的字並複習忘記的字。她的作文一開始也非常簡短，句法很簡單，家教老師將她的每一篇文章打字出來，瑪麗娜在旁邊畫上漂亮的插圖，小心翼翼地蒐集在一本筆記簿裡，漸漸地變成一本圖文並茂的書集了。

　　瑪麗娜開始對於閱讀寫作顯露出熱忱，每一篇文章都更為顯露其心靈上的發展，到了第七次的家教時，她在閱讀上展露大幅的進步。在接下來的那一天夜裡，她夢見自己變成全班最棒的學生，她向上帝祈求能助她一臂之力；似乎其讓人印象強烈的自發性宗教體驗──基督降生的沙圖，以另一種更為深刻的方式呈現了。

　　瑪麗娜做了另一張像是基督的臉譜（圖56），如果我們將這一張剛做的臉譜和她四個月前所作的加以比較的話，就能清晰的看見在她本我中所發生的轉變。原本的小臉譜看似原住民的樣貌，而這張新的臉譜卻顯露出基督的沈靜樣態。

　　我希望瑪麗娜至終能完全擺脫其內在的不安，這是她不時地會出現的狀態。有一天她的妹妹打了預防針後出現強烈的反應，瑪麗娜就穿戴著以她媽媽的絲巾所作成吊帶，她常常需要獲得額外的關

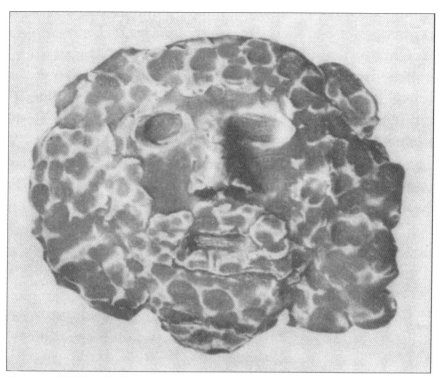

圖56　瑪麗娜本我的改變反映在其陶土作品的沈靜面容上。

注，她的人生可真是不輕鬆啊！

　　瑪麗娜的父親不管我多麼的常向他保證，他就是不相信瑪麗娜的智力是正常的，堅持要瑪麗娜大聲朗讀給他聽。但這對瑪麗娜而言確實為難，若是唸給家教老師聽的話就容易多了，因為她的弱點已是被接納的。不過她在家教老師那裡持續的進步中，令人歡欣的時刻終於到臨，有一天瑪麗娜終於能一字不漏正確地朗讀完父親給她的文章，她的父親也為這期待已久的一刻感動不已，立刻辦了一場家庭盛宴來慶祝這一刻。

　　在這個例子中我們得知，父母親與領養孩子之間在關係上可能如何發生問題。父母親在心中對於他們渴望已久的孩子都早有美好

的想像，但是當孩子的表現不符合其意像時就會出現問題，結果通常就是雙方的理想破滅。治療師對此需要給予特別的同理，要能設想若自己是雙方當事人，會出現怎樣的心理歷程。在治療中我們致力於調和對立狀態，這也同樣適用於在與做親子關係的治療工作上。

　　瑪麗娜的進展極為顯著，她的雙親認為她應該回到祖國求學了，因為他們也打算在近期回到美國，但我認為還太早了些。在她即將離開前不久，我要瑪麗娜再做一盤沙圖（圖57），希望藉此能提供我一些線索，洞悉瑪麗娜對於她父母親如此突然的決定有何反應。她又做了一個島嶼，但這次是在山上，其上有圍牆環繞形成的堅實堡壘，但是在院子裡的高塔並非像是一般堡壘中的瞭望台，它

圖57　當瑪麗娜即將結束治療之際，她在母親原型的關愛保護下，其正在發展的內在資源是安全的。

對瑪麗娜而言相當重要，因它屬於城堡的教堂。樹林和花朵圍繞著堡壘，在前方入口處有一位身穿白色衣裳的女孩站立著；在下方連接陸地的橋樑旁邊有一位強壯的男士守衛著，還有一艘小船拋下錨停泊。

　　在中世紀初期堡壘和城堡大多數都建造在非常高的地方，它們能提供保護，生命與財產在這厚實的城牆內均安全無虞。當我問到是誰住在這城堡裡呢，瑪麗娜回答道：「馬利亞」。因瑪麗娜在幾週前已經描繪了基督的降生，可以推論，這小孩感受到馬利亞這位母親原型的存在。身為基督的母親，馬利亞的受孕就如同小瑪麗娜在她的沙圖中所呈現的那般純真；身為神的母親，馬利亞是母性安全感的精髓，這是瑪麗娜為她自己所取得的內在保護，在此矗立的是她自己的堡壘。瑪麗娜的心靈發展讓我想起一則法國的童話故事，故事中一匹白色的母馬在她的主人要贏得公主芳心的過程中幫了不少忙，當主人邀請它參加婚禮時，它竟現身成為馬利亞，這個故事和瑪麗娜的作品幾可比擬。在瑪麗娜內在堡壘的圍牆裡，她可以保護剛獲得的財產免於外人侵犯，由守衛來決定誰能進入要塞之中，這是她內在的安全感，她已不再投降。看見這光景，我樂觀的認為，這九歲大的瑪麗娜在面對其人生必經、既新且又未知的環境時，是擁有足夠的安全感了。

參考書目

25. E. Neumann, The Great Mother.（Princeton, NJ: Princeton University Press. R. Manheim, Trans. 1955/1972）.

26. C. G. Jung, The Archetypes and the Collective Unconscious, Collected Works, Vol. 9.（New York: Pantheon Books, Inc., 1959）, 166.

第九章

娥蘇拉：二十三歲女性憂鬱症患者

　　這位我稱作為娥蘇拉的二十三歲女性，是因為擔憂自己復發的憂鬱症病情，而來找我諮詢；在我第一次和她談話時，她的狀況遭到無法以言語表達她的光景，然因為沙遊能夠提供當事人直接與其心靈深處原始層面接觸的管道，我遂提議，讓她在沙箱中做一盤沙圖。她在一個半小時的治療時段中完成了她的初始沙圖（圖58）。

　　在這幅沙圖中呈現出子宮與陽具並列的景象，將陰性與陽性的象徵同時帶出來，與它們一同連接的是一個有角的圓圈，指向右上方的位置，整體看來其形狀像是一個胚胎。娥蘇拉在她的第一盤沙圖中表達出無意識中的兩極對立感，這是她早年時期就已有過的經歷。在這樣完整明確的表達下，她開始朝向在本我中的結合之路。

圖58　當娥蘇拉邁向初孕的本我之旅時，陽性與陰性元素結合了。

圖59　負向母親的支配性以一個手
　　　持新月型鐮刀的巫婆樣貌浮
　　　現，陶土作品。

娥蘇拉碰觸沙子的經驗引
發其想要以陶土表達的需求，
三天後她雕塑了一個巫婆的塑
像，手中握著一個鐮刀形、像
是彎月物體，在這個人物中娥
蘇拉表現出負面的母親原型，
其征戰之物就以具毀滅性的月
亮為象徵（圖59）。

　　兩天後娥蘇拉又做了第二
幅沙圖（圖60），在一輪彎月中
長出了一棵樹，在此她同時表
達出將本我對立面特質結合以
及生長的力量二者，樹幹具象
地表達出男性本質，而其頂部
則具有女性特質。

圖60　在如新月型的容器中結合了對立兩極，且新的成長也正在運作

　　過了兩天她雕塑了基督懷抱著一輪新月的塑像（圖61），在此本我以「神」（dei）的形象為代表；抱著新月則是新的女性生命的起點，娥蘇拉所作的神之意象成為其進一步發展的基礎。

　　在接下來的雕塑中，是一個和尚手裡抱著一個新生的女嬰，是讓人印象極為強烈的新生之作（圖62）。

　　娥蘇拉在其心靈深處的努力，引領出其無意識面的新生；而反過來，這也使得她在自己的陽性面的正向層面獲得提升。她接續所作的幾件人物作品——「王子」（圖63）、「原始人」（圖64）以及「一個男孩」（圖65），均顯示出她在陽性面的正向發展。娥蘇拉創造的這些人物，預示了後續的心理分析，在分析中將她豐富的夢境素材加以意識化與整合。

圖61　完整的本我懷抱著初生的陰
　　　 性新發展，陶土作品。

圖62　一位聖人溫柔的抱著娥蘇
　　　 拉剛誕生的新特質，陶土
　　　 作品。

　　娥蘇拉正在發展中的正向阿尼瑪斯特質，在三件陶土作品中顯現（圖63至65）。

圖63　王子，陶土作品。

圖64　原始人，陶土作品。

圖65　一個男孩，陶土作品。

在言語的分析中我們發現了干擾她發展的重要關鍵時刻，在娥蘇拉三歲的時候，她畫了一幅她稱之為「人」的圖畫，在我的要求下她憑著記憶重畫了這幅圖（圖66）。畫中呈現出一個正在排泄屎尿的小孩，小孩是以四個圓圈來表現，這是她早期對身為全人的體驗—人也有黑暗面的。

但因我們所身處的文化總要我們壓抑存在的黑暗面，娥蘇拉的媽媽認為這幅畫不登大雅之堂，就當著她的面將這幅畫給撕了，這麼一來她毀掉了這個小孩本我的顯現。然幸運的是，娥蘇拉能夠在分析治療中重建其本我，在她接下來的兩幅沙圖中的曼陀羅就是一明證了（圖67和68）。

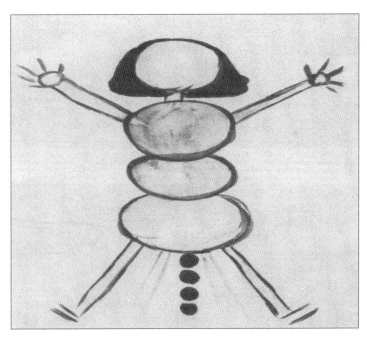

圖66　娥蘇拉在三歲大的時候體驗到同時具有光明與黑暗面的完整本我，依照記憶重畫的畫作。

圖67（上圖）和圖68（下圖）　娥蘇拉在兩幅美麗的曼陀螺沙圖中重
建其本我的體驗。

第十章

艾瑞克：二十五歲男性

　　艾瑞克是二十五歲的年輕男性，和我約診的原因是想要處理他動輒臉紅問題，這造成他在人際關係上的障礙，也使得他的成長受到阻礙；此外他也難以決定自己的專業發展方向。他曾經接受過談話式的分析治療但並未獲得理想的結果，所以他想藉由沙遊治療得到一些幫助。

　　在他的第一幅沙圖中（圖69）艾瑞克看著物件，但好像完全不受他們吸引，反而他以不同大小的藍色馬賽克磚，在沙箱中拼出了一個正方形，搶眼的藍色著實讓我震撼呢。僅有在近中央位置，有幾小塊紅色的馬賽克磚，還有在左邊有兩小塊黃色的，我問了艾瑞

圖69　在艾瑞克的第一幅沙圖中，其潛藏的宗教信仰衝突，由紅、黃、藍相間的色彩中浮現。

克黃色對他有什意義呢。他想了一下便回答道：「猶太人在受迫害
期間，都必須在衣服上別上一個顯眼的黃色星星標誌」，他回答的這
麼快，讓我不禁推論，他最根本在意的是宗教信仰的問題。馬賽克
磚奪目的藍色更讓這個想法得到佐證，因藍色是天空的顏色，也是
聖母馬利亞所著聖袍的顏色，因著這些原因，藍色通常成為基督教
的象徵色彩。我在想，不知在此是否呈現出基督教與猶太教之間的
問題了呢？

　　艾瑞克的第二盤沙圖（圖70）顯示的是非洲地區的樣子，這一
次他就用了一些物件了，他放進棕梠樹、茅草屋、幾對動物、一個
黑人女舞者以及一些黑人小孩，最讓人注目的是本盤中所有的動物
都是成雙成對的出現。數目字「二」象徵著兩極的對比，同時也是
將對比結合起來；柏拉圖所說的「本者與他者」（the one and the
other）；既然非洲通常被稱為黑色大陸，我歸結──他的問題仍應
屬於無意識的。

　　深色肌膚的舞者也指出了艾瑞克所未知的自己，在他的第二盤
沙圖中的這位醒目的舞者，就是榮格稱之為阿尼瑪的原型人物，她

圖70　當仍未意識的阿尼瑪位於醒目的位置時，兩極對立與結合的可
　　　能性在此顯現。

是存在於陽性中的內在陰性特質。男孩在成長過程中，先由母親那裡初次體驗到阿尼瑪的存在，它呈現了母性的基本特質且是驅使男孩成長的能量，在陽性發展的整個歷程中，它一直是無意識地伴隨著，我們可以說是它驅策了男性的發展。

　　艾瑞克的第三盤沙圖（圖71）的樣子是一個古蹟遺址，考古學家們準備要挖掘珍貴的地板，這是由閃閃發亮的金色石頭所組成的正方形地板。有一個流浪漢將他的包袱扛在肩上，要從左下角走向珍貴的石頭處。流浪漢是那些一直徒然浪費力氣在人世間找尋自己的家的人，而家卻是只有在他的內心才找的到；無疑地艾瑞克是個流浪漢，他在找尋自己的根，想要和他的先祖們將失落的關係重建起來。從他的沙圖來判斷，我推論艾瑞克的根源應是在近東地區，他的沙圖也告訴我，他的根源正路續地顯露出來了。

　　艾瑞克告訴我，當他還是一個猶太小男孩時，他曾在一個基督

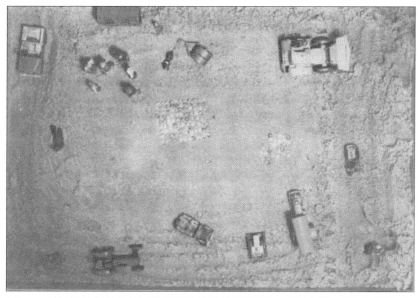

圖71　當艾瑞克的祖先根源開始顯露出來時，他就能一窺自己內在的寶藏。

教的修道院待過以躲避迫害。從這一點上他連想到最近所做過的一
個夢境，他說：「報紙上寫著：失蹤人口──我自己。」因為他早
已失去母親，對母親關愛的巨大渴望也使得他無法正常發展，他的
夢境顯示，因為這些情況使得他意識上的覺察尚未形成。艾瑞克的
背景讓他在早年時期無法依照傳統的方式成長，時代的環境因素也
讓他無法體驗到母性的安全感；正如早先提到的，在童年早期所發
生的這一類困擾事件，會使得聚中的凝聚無法達成，以致於影響自
我的健康發展了。

　　在他的下一幅沙圖（圖72）中，艾瑞克造了一個山丘，上面有
一棵樹，「猶太人」──他站在這棵仍在生長的樹旁，這樣說道。
有各式各樣的人在這座山蜿蜒的小徑上向上爬，包括生著病拄著拐
杖的人還有健康的人；流浪漢站在橋上，正要去和那件讓他不能正
常發展的事物對決的路上。橋樑是連接兩極的象徵，艾瑞克的旅人

圖72　艾瑞克準備好，要在他的本我朝聖之旅中，為其衝突建一道橋
　　　樑。

路程，就是要面對在山丘頂上那位猶太人內在的「本者與他者」（the one and the other）。在先祖時代都是以高地上的樹木來標記神聖之地，去耶路撒冷朝聖的猶太人都說自己是「上山去」，而艾瑞克的山丘就象徵著猶太人的故鄉。

這位年輕人完成了命運的任務，他和其他的流浪漢一起走上蜿蜒的山路，他和其他所有人共享命運，因為每一個人都必須要有找回自己的方法。這條路通往神啟的體驗，每一個人都有其神性，但是與神合一的體驗卻離我們甚遠。讓人與宗教遠離的因素很多，其中一個就是從中世紀以來所發展出的單一性、理性的思維方式。其他諸如連串的戰事、命運以及被逐出家園等不一而足的動盪不安，也讓人無法觸及自己內心深藏的神性。然而所有人都追尋著這條路，追尋著這深藏在無意識中的目標。

> 艾瑞克和其他所有人共享命運，因為每一個人都必須要有找回自己的方法，這條路通往神啟的體驗，每一個人都有其神性，但是與神合一的體驗卻離我們甚遠。

在山丘的後方有孩童們在玩耍，黑人舞者也在那兒跳舞，只不過早先（圖70）她處在衝突之中，艾瑞克將這些畫面描述為「樂園」，我們可以清楚地看見他的成長，艾瑞克真的在邁向個體化的路上了，這是我們每一個人都必經的路徑。

在完成這盤沙圖以後，我們討論關於他去一趟以色列的可行性，在我看來這趟旅程會有助於他的心靈發展。雖然他沒有錢，但因緣際會地，他受邀到以色列去訪問了。

在要啟程以前艾瑞克做了另一盤沙圖（圖73），他稱其為「伊甸園」，在這幅沙圖中散放出神奇的平安與寧靜感，既聚中且又閉合的；有一道門通往一個小巧的廟宇；由數量約相等的藍、黃色瓷

圖73 「伊甸園」——當艾瑞克經歷到在本我中的聚中時,原型式阿
尼瑪便甦醒了。

磚所鋪成的小路,從周圍延伸至中央的聖地,有一位公主在該處跳
舞。在許多文化中都有儀式性的繞境步行傳統以作為敬拜的方式,
在此艾瑞克對於結合「本者與他者」的追尋,引領他進入此一神聖
的隊伍,進而導致他的轉化。在他的第二幅沙圖中,提供了他在結
合宗教對立面上的暗示,以及其黑暗的阿尼瑪已準備好要藉由這場
儀式來轉化了。現在此一原型——即集體的阿尼瑪正在這小廟宇中
跳舞呢。艾瑞克接觸到自己內在隱藏的寶藏後,他開始體驗到本
我。在許多文化中將舞蹈作為敬拜的一種方式,對這些人來說,神
性的接觸與感動均是藉由舞蹈而生,對他們而言跳舞能喚醒靈魂。
阿尼瑪也差不多以這樣的方式啟動男性內在的創意衝動,當這種狀
況發生時,阿尼瑪就會帶出內在真正的自由,當然這樣的內在自由
也需要極深的內在安全感。在他的沙圖中,小廟和整個園子所呈現
出如天堂般的寧靜,讓艾瑞克的這份安全感有所確據。

　　在我的經驗中,阿尼瑪通常在聚中(centering)出現的當時或
是之後就會立即接著顯現,現在我們可以在艾瑞克的沙圖中看見其
阿尼瑪,因為她現身了,所以我們能預期新的自我成長了。我們早
先也討論過,新自我的發展會在出現聚中(centering)以後變得明
顯,在此之前艾瑞克的自我似乎難有正向的成長,因為母—子一體

的瓦解以及母性安全感的匱乏，使得正向發展極難達成。

　　艾瑞克在以色列期間做了一個夢，夢中他望著一群靠近一座熊熊火山的人們，看見他們的皮膚裂成碎片。蛇的蛻皮也具有相似的意象，象徵著轉化與更新；在煉金術中，轉化是在烈火中發生，而火也具有更新生命力的意涵，艾瑞克的夢真是意義非凡！當帶入意識中後，轉化的體驗以及其所強化的能量，通常伴隨著強烈的情緒而來。

> 　　這嬰孩象徵著他剛獲得用以看待世界的新眼光，一個轉化過的世界觀（Weltanschauung）。艾瑞克不再需要「二者擇其一」，現在他兩種都體驗了，也可以同時和二者共存。

　　艾瑞克真的和那位「他者」在這趟以色列之旅中相會了，在他的沙盤中，艾瑞克直覺地表現出與對立面的交鋒和整合。實際地走這一趟旅程，讓他能親歷到引發本我顯現的改變歷程，現在艾瑞克能夠以新的眼光來看待這世界了。

　　艾瑞克從以色列回來以後做了另一個夢，在夢中，他在公園的某棵大樹的枝椏下發現一個新生嬰孩，這嬰孩象徵著他剛獲得的、看待世界的新眼光，一個轉化過的世界觀（Weltanschauung）。艾瑞克不再需要「二者擇其一」，現在他兩種都體驗了，也可以同時和二者共存。

　　艾瑞克描述他的下一盤沙圖（圖74）像是他抵達以色列時所俯瞰的風景，是一幅沙漠中有動物的景色。再靠近一看，在沙圖中的山丘看似像個女人的形體，她躺臥在水中，雙腳像是胎兒般的蜷曲起來。或許這是他個人的阿尼瑪，從大地－無意識所生，在他一踏上他所承繼之地土時就浮現了。在曠野上的動物意味著在無意識中的本能領域，但其阿尼瑪也像自我一樣，在本我顯現以後仍處於一

圖74　艾瑞克的個人阿尼瑪在他與家鄉故土結合時誕生了。

個原始的狀態中。艾瑞克所作的圓圈，成為誕生之姿態出現於本盤中，其圓圈之起源已儲備其內在的誕生，他不再臉紅；不久之後他獲得新職，不但使其專業上的兩難獲得解決，更勾勒出未來的路徑。

　　在他最後一盤沙圖（圖75）中，艾瑞克在他的新生活中所需要的能量獲得了釋放，也能自由地在林蔭大道間移動。在此，樹木象徵著從地土中生長，本身就結合了陰陽兩性，與生命的成長和生育相呼應著。這條林蔭大道除了藍色與黃色外尚有其他色彩，它通往一棵結實累累的樹；新生之泉就以一口井為其象徵，一條彩色的小路從水井通往大道，井旁坐著一位女性人物，她就是艾瑞克自身的陰性面向，在她的協助下，艾瑞克才能完成這創意之作。

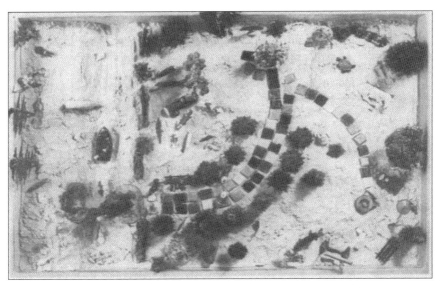

圖75　艾瑞克的阿尼瑪，清楚地放置在其豐盛生命能量之源頭，他的
　　　路途現在是既明朗又豐碩。

結　語

　　我們所回顧的這些案例，都是我在沙遊治療實務工作中的例子，我試著要描繪出，卡在兒童與青少年心靈發展中的痛苦是如何獲得釋放，讓這些孩子們得以自由地正常成長。單是靠說理通常無法處理這種發展上的困境，這是因為心靈會以意象或是夢境表達它自己的豐富性，若要能接通到心靈的創意中心，則須了解此一象徵性的語言。當我們能夠了解象徵的語言時，心靈的轉化就奏功了，這種深沈內在的轉化，會全面地改變兒童和其生命的關係。

　　我們在本書中所呈現的每一個例子，在他們的第一盤沙圖中都已經象徵性地暗示出，他們將達致更高層次心靈發展的可能性，每一位個案終究會在他們的治療歷程中達到更高層次的發展階段。但偶爾，我們還是無法在治療的歷程中讓心靈能量發展出新的秩序，而無法達致預期的治療。

　　在治療中或許會有干擾，要讓深受問題孩子所困擾的父母親有足夠的耐性和了解以等待治療完成，通常會是一件難事。會如此也是因為我們所處理的，是隱匿心理歷程的非理性事件；此外，當兒童接受治療後不久，有了明顯的進步跡象時，更是難以讓其雙親了解為何還要持續進行治療呢？

　　整體而言，心靈的發展最適宜以活水來比擬，在《易經》中這樣說道：

　　「坎上坎下，習坎，有孚，維心亨，行有尚。習坎，重險也。水流而不盈，行險而不失其信。維心亨，乃以剛中也。行有尚，往

有功也。」

　　水不斷地流動著，隨著其流動遍滿各處；它既不逃躲任何難處，也不避開任何險境，沒有事物能使它失去其本質。在各種處境下，它依舊誠實對待自己。像這樣，若有人在艱難中依舊保持真誠，其心可視透身臨困境的真義。一旦在我們的內心掌握了問題，自然地，我們所採取的作為必然水到渠成。（譯註：依據英文版易經之原文翻譯）

　　在沙遊中當將此牢記在心！且謹記，當我們真的成功地引領出形塑人格的內在和諧時，可也別忘了，這些都是恩典。

參考書目

The I Ching: Or Book of Changes（1950/1971）.（R. Wilhelm & C. F. Baynes, Trans.）. Princeton, NJ: Princeton University Press.（pp.115）.

國家圖書館出版品預行編目資料

沙遊：通往靈性的心理治療取向／Dora M.
  Kalff著 ； 黃宗堅, 朱惠英譯. -- 二版.
  -- 臺北市：五南圖書出版股份有限公司,
  2022.03
  面；　公分
  ISBN 978-626-317-598-3（平裝）

1.CST:遊戲治療　2.CST:藝術治療
3.CST:兒童心理學　4.CST:心理治療

178.8   111001157

1BYS

沙遊─通往靈性的心理治療取向

作　　者 ─ Dora M. Kalff

譯　　者 ─ 黃宗堅、朱惠英

發 行 人 ─ 楊榮川

總 經 理 ─ 楊士清

總 編 輯 ─ 楊秀麗

副總編輯 ─ 王俐文

責任編輯 ─ 金明芬

封面設計 ─ 姚孝慈

出 版 者 ─ 五南圖書出版股份有限公司

地　　址：106台北市大安區和平東路二段339號4樓

電　　話：(02)2705-5066　　傳　　真：(02)2706-6100

網　　址：https://www.wunan.com.tw

電子郵件：wunan@wunan.com.tw

劃撥帳號：01068953

戶　　名：五南圖書出版股份有限公司

法律顧問　林勝安律師

出版日期　2006年11月初版一刷
　　　　　2023年 2月二版二刷

定　　價　新臺幣320元

Sandspiel
Seine therapeutische Wirkung auf die Psyche
Mit einem Nachwort von Martin Kalff
by Dora Kalff
© 4th edition 2000 by Ernst Reinhardt Verlag
M nchen/Basel
Kemnatenstr. 46, 80639 M nchen, Germany
www.reinhardt-verlag.de

經典永恆·名著常在

五十週年的獻禮——經典名著文庫

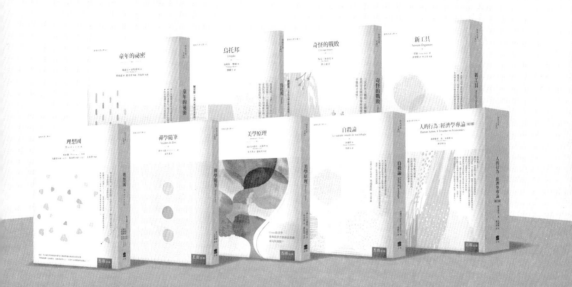

五南，五十年了，半個世紀，人生旅程的一大半，走過來了。

思索著，邁向百年的未來歷程，能為知識界、文化學術界作些什麼？

在速食文化的生態下，有什麼值得讓人雋永品味的？

歷代經典·當今名著，經過時間的洗禮，千錘百鍊，流傳至今，光芒耀人；

不僅使我們能領悟前人的智慧，同時也增深加廣我們思考的深度與視野。

我們決心投入巨資，有計畫的系統梳選，成立「經典名著文庫」，

希望收入古今中外思想性的、充滿睿智與獨見的經典、名著。

這是一項理想性的、永續性的巨大出版工程。

不在意讀者的眾寡，只考慮它的學術價值，力求完整展現先哲思想的軌跡；

為知識界開啟一片智慧之窗，營造一座百花綻放的世界文明公園，

任君遨遊、取菁吸蜜、嘉惠學子！